DE ONDE VÊM AS HISTÓRIAS

MARIA JOSÉ SILVEIRA

DE ONDE VÊM AS HISTÓRIAS

São Paulo - 2024

De onde vêm as histórias

Copyright texto © Maria José Silveira

Coordenação editorial **Carolina Maluf**
Assistência editorial **Marcela Muniz**
Capa e projeto gráfico **Arthur J. Silva**
Revisão **Andréia Manfrin Alves e Marina Ruivo**

1ª edição — 2024

CIP-BRASIL. CATALOGAÇÃO NA PUBLICAÇÃO
SINDICATO NACIONAL DOS EDITORES DE LIVROS, RJ

S581o

    Silveira, Maria José
    De onde vêm as histórias / Maria José Silveira. - 1. ed. - São Paulo :
    Biruta, 2024. 128 p. ; 23 cm.

    Inclui bibliografia
    ISBN 978-65-5651-092-7

    1. Escrita. 2. Criação (Literária, artística, etc.). 3. Autoria. I. Título.

23-87310   CDD: 808.02
                    CDU: 808.1

Gabriela Faray Ferreira Lopes - Bibliotecária - CRB-7/6643

30/11/2023 05/12/2023

Edição em conformidade com o acordo ortográfico da língua portuguesa.

Todos os direitos desta edição reservados à Editora Biruta Ltda.
Rua Conselheiro Brotero, 200 – 1º Andar A
Barra Funda – CEP 01154-000 São Paulo – SP – Brasil
Tel: (11) 3081-5739 | (11) 3081-5741
E-mail: contato@editorabiruta.com.br
Site: www.editorabiruta.com.br

A reprodução de qualquer parte desta obra é ilegal e configura uma
apropriação indevida dos direitos intelectuais e patrimoniais da autora.

Para Felipe, com quem discuti
cada uma destas ideias.

A literatura não é um passatempo nem uma evasão, mas uma maneira – talvez a mais completa e profunda – de examinar a condição humana.

Ernesto Sabato

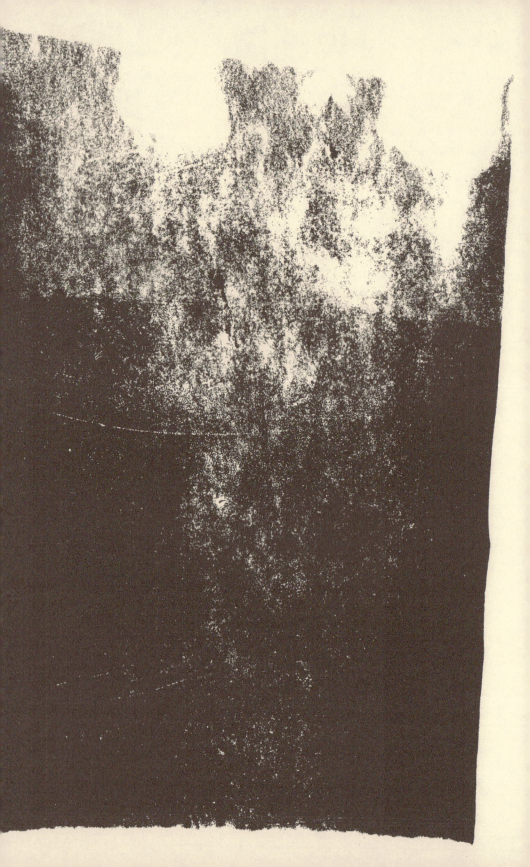

Sumário

Apresentação   *11*

Ninguém foge de sua vida, muito menos o escritor   *15*

A personagem invisível   *27*

   Uma pequena análise de caso   *35*

Os queridos mortos e os queridos vivos, ou A sala cheia   *43*

Literatura tem sexo?   *49*

Tem política na literatura?   *57*

   Outra pequena análise de caso   *58*

Abandonando a vida dupla: o escritor como profissional   *65*

O processo criativo do escritor e a chamada inspiração   *73*

A economia da atividade literária   *81*

Escrevendo para jovens e crianças   *87*

   A literatura primeira e a literatura de passagem   *87*

   Escrevendo para jovens e crianças: apontamentos   *92*

A criação dos personagens: a voz de alguns escritores   *99*

Apêndice: Os autores que estavam comigo na sala   *117*

   Os queridos mortos   *117*

   Os queridos vivos   *122*

Agradecimentos   *127*

A autora   *127*

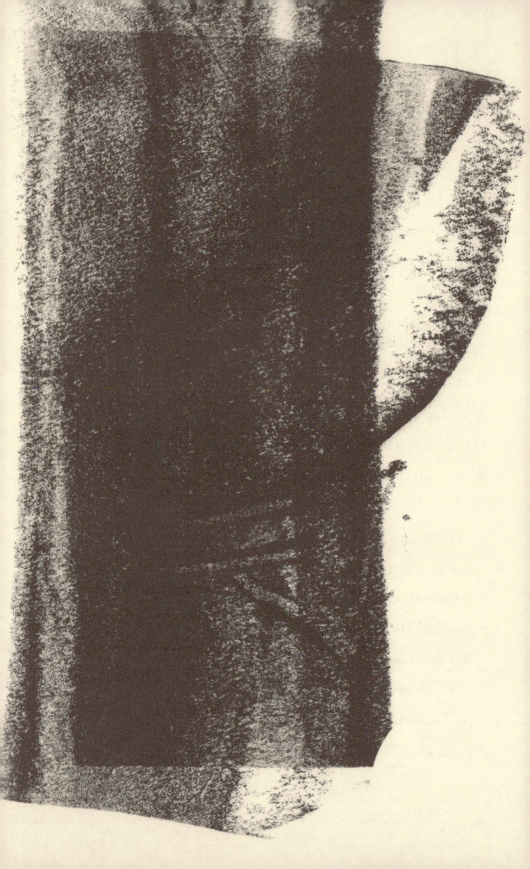

Apresentação

Aconteceu comigo algo que deve acontecer com muitos de nós, escritores.

Tão logo começamos a escrever ficção, começamos também a tentar compreender esse processo estranho, enriquecedor e gratificante que é o de inventar um pedaço de mundo, ainda que feito apenas de palavras, e com personagens que só existem ali.

Como explicar com clareza o que fazemos? Como explicar o que é a literatura? Como explicar exatamente por que um conjunto de palavras é capaz de expressar um instante da vida de um ser humano e conseguir, com isso, emocionar um outro ser humano?

Como definir o que produz essa centelha, essa faísca? Ela é tão subjetiva, tão indecifrável, e pode ser tão diferente para cada um de nós.

Além disso, quando escrevemos acabamos sendo convidados para palestras, debates, entrevistas, e temos que tentar dizer algo minimamente interessante para não decepcionar demais nossos leitores. Ainda que, como disse Margaret Atwood, escritora canadense que ocupa um lugar de destaque em meu panteão particular, "querer conhecer melhor um escritor é como querer conhecer o ganso depois de comer seu patê". É muitíssimo raro um escritor de carne, osso e sangue ser mais interessante que seus livros.

Seja como for, na expectativa de também conhecer a cara desse leitor para o qual escrevemos, lá vamos nós para esses encontros públicos e com isso acabamos refletindo bastante sobre quem somos e o que fazemos.

Este livro é um resultado desses encontros, que aconteceram em eventos do Rumos, organizados pelo Itaú Cultural (em sua sede na cidade de São Paulo e em Buenos Aires), na Casa das Rosas, no Instituto Pensarte (ambos em São Paulo), no Fórum de Ouro Preto, em Passo Fundo, e em eventos acontecidos em Portugal e na Espanha.

Em alguns momentos, uso meus livros como exemplos porque evidentemente é deles que sei mais. Procuro também, sempre que possível, colocar citações de outros escritores, não só como um apoio, mas também para que se torne claro que, embora particulares, as ideias que defendo não são tão pessoais assim.

Aliás, como espero que este livro mostre, por mais originais e criativas que sejam, nossas ideias nunca são tão pessoais assim.

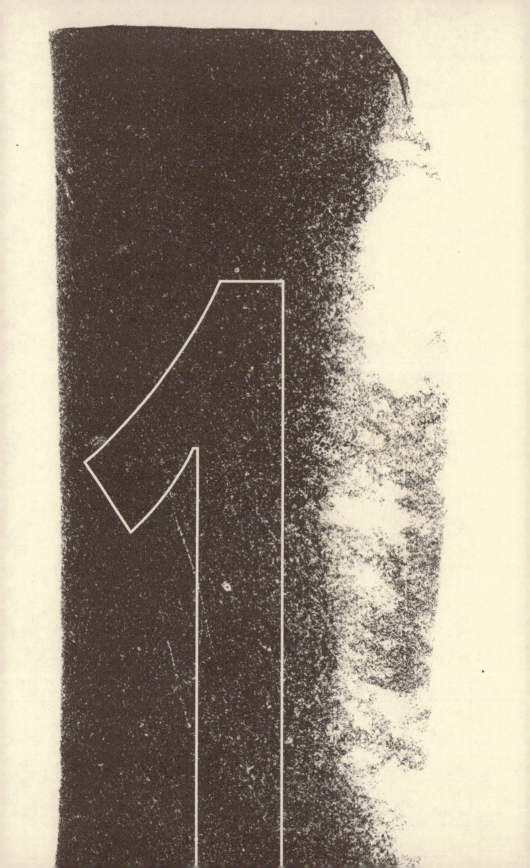

Capítulo 1
Ninguém foge de sua vida, muito menos o escritor

Sempre evitei falar de mim.
Falar-me. Quis falar de coisas.
Mas na seleção dessas coisas
não haverá um falar de mim?

João Cabral de Melo Neto

É também do poeta João Cabral de Melo Neto esta frase: "O importante para um escritor é não querer ser o que, realmente, ele não é."

Pois de onde vem o que nós, escritores, escrevemos? De que mundo tiramos nossas tramas e vidas tão diferentes de nós mesmos; de que mundo tiramos nossa linguagem?

A resposta que dou a essa questão pode parecer um paradoxo (e é a seguinte).

A ficção autobiográfica é a doença infantil da literatura – como o sarampo –, e uma das primeiras medidas que um escritor deve tomar, antes mesmo de se sentar para escrever, é se vacinar contra ela. No entanto, e ainda assim, mesmo devidamente vacinado, toda ficção é, em certo nível, autobiográfica.

Quando digo que a ficção autobiográfica é como uma doença infantil, não me refiro ao que hoje existe quase como um novo gênero, a chamada "autoficção", criada pelos franceses, mas sim ao fato de que a reluzente maçã com que a serpente tenta um escritor iniciante é que escreva sobre sua vida. O que é muito comum e perfeitamente explicável. Um escritor escreve sobre algo de que tem conhecimento e provoca sua imaginação, portanto nada mais natural do que escrever sobre o que lhe aconteceu. É o caminho *aparentemente* mais fácil. No entanto, é o mais desastroso e difícil. Só um escritor já experiente e capaz consegue transcender sua história de vida particular e transformá-la em algo que interesse ao Outro. É uma tarefa para os bons. Mas é a armadilha em que os novatos frequentemente caem e muitas vezes não conseguem jamais se levantar.

É quase sempre ruim o resultado desse tipo de literatura iniciante que parte da confusa floresta de um pequeno "eu" e nela se perde, e dela não consegue se livrar, porque a partir desse ponto inicial é quase impossível imaginar um horizonte maior e alçar voo.

Isso dito, contudo, chegamos à segunda parte do paradoxo: toda ficção é, em certo nível, autobiográfica. Não de maneira direta, e sim mediante inúmeras e sutis mediações.

Se pensarmos bem, veremos que não poderia ser de outra forma.

A matéria-prima do escritor é a observação do mundo, e o ponto do qual ele o observa não pode ser outro que não o seu, ali onde ele está, ali onde sua vida o colocou. É a partir dali que ele vê, sente, aprende, se inquieta, escolhe, pensa e escreve. Não há como escapar disso. É de sua vida – ou seja, sua biografia – que sua literatura existe.

Isso parece óbvio – e o é –, mas é dessas verdades que, de tão óbvias, podem passar despercebidas. Em cada livro que um autor escreve, se alguém quiser mesmo saber, vai encontrar sua origem na vida desse autor. Em alguns, essa relação é clara; em outros, nem tanto, pois nem mesmo o escritor está de fato consciente de todos os entrecruzamentos que seus caminhos tomam em seu mundo subjetivo. Mas essa relação sempre estará presente, de um jeito ou de outro.

Muitas vezes, a vacina contra a ficção autobiográfica primária funciona tão bem que muitos autores passam a ter alergia a esse tipo de colocação e começam a achar que sua literatura – sabe-se lá como – é um sopro inexplicável e insondavelmente misterioso a que chamam de inspiração. Que a inspiração é algo misterioso, é fato, mas quando ocorre, ela surge justamente da vida – e do inconsciente que a vida formou – desse autor.

Vou lhes contar uma pequena história. É uma história da Paris do começo do século, a Paris da Belle Époque, onde Picasso começou a criar o novo olhar que provocaria uma revolução na história da arte: o cubismo.

De onde veio esse novo olhar de Picasso?

De uma pequena estatueta roubada do Louvre por um amigo que Apollinaire lhe apresentou. Esse amigo se sustentava vendendo estatuetas que roubava de uma sala meio abandonada do enorme museu, e Picasso comprou pelo menos uma delas. Nessa estatueta – que se pensava ser fenícia, mas de fato era ibérica –, e no seu afã de estudá-la, examiná-la, entender a maneira como ela tratava as várias dimensões da figura que representava, Picasso acabou fazendo algum estrago. Foi essa estatueta roubada que serviu, ao ser examinada com tanto afinco pela genialidade e habilidade do pintor, para lhe dar ideias de como fazer sua própria representação das dimensões dos objetos e figuras numa tela.[1]

Quer dizer que, se Picasso não estivesse em Paris naquele momento de efervescência e agitação no meio artístico, se não tivesse o amigo ladrão, se não fosse a possibilidade de ter em mãos essa estatueta roubada, o cubismo não teria nascido? Jamais alguém ousaria tal simplificação. Trata-se apenas de lembrar que o próprio Picasso, ao falar de suas influências, afirmou a importância daquela arte exótica para a sua – influência que recebeu por intermédio de um ladrão, em sua vivência da Belle Époque, em Paris.

---

1. Essa história é contada com detalhes no livro *Os crimes de Paris*, do casal Dorothy e Thomas Hoobler (1ª edição, 2013, Três Estrelas).

Voltando aos escritores, Virgínia Woolf diz, em uma introdução a *Mrs. Dalloway*:

> É verdade que o autor, se quiser, pode nos contar alguma coisa de si e de sua vida que não está no romance; e é algo que devemos incentivar. Pois não existe nada mais fascinante do que se enxergar a verdade por trás daquelas imensas fachadas de ficção – isso se a vida for de fato verdadeira e se a ficção for de fato fictícia. E provavelmente a ligação entre ambas é de extrema complexidade. Livros são flores ou frutas pendentes aqui e ali numa árvore com raízes profundas na terra de nossos primeiros anos, de nossas primeiras experiências.

Antonio Muñoz Molina, também falando do que aprendeu como escritor:

> Aprendi que uma parte muito grande do trabalho de escrever um livro vai sendo feita sem que o escritor se dê conta, muito antes de começar a escrita. O projeto de um romance ou de qualquer texto narrativo só vale alguma coisa quando é o resultado da cristalização de experiências, leituras, imagens, recordações, desejos, que de repente se fazem visíveis e se vinculam entre si como um mapa de conexões neurônicas.

E Michael Cunningham, em entrevista:

> É sempre difícil avaliar se há muito ou pouco conteúdo autobiográfico no trabalho de um romancista. (...) Todos os romances são, até certo ponto, autobiográficos porque o escritor ou escritora deve usar sua experiência, ainda que fortemente disfarçada. A experiência vivida por um autor

é o que ele conhece do mundo. Não pode deixar de usá-la como fonte.

François Mauriac é ainda mais explícito:

> Nesses ambientes sombrios em que escoou sua infância, nessas famílias ciosamente fechadas aos estranhos, nessas regiões perdidas, nesses rincões de províncias por onde ninguém passa, havia uma criança espiã, um traidor inconsciente de sua traição, que captava, registrava, retinha, sem o saber, a vida de todo dia em sua complexidade obscura. Uma criança parecida às outras e que não despertava suspeitas...

Essa criança, evidentemente, é o escritor:

> Como esses pássaros ladrões, como essas pegas das quais se diz que colhem no bico os objetos brilhantes e os dissimulam no fundo de seus ninhos, o escritor, em sua infância, faz uma provisão de faces, silhuetas, palavras; uma imagem o impressiona, uma opinião, uma anedota... e mesmo que ele mal se dê conta, tudo isso persiste nele, em vez de se aniquilar como nos outros homens; tudo isso, sem que ele saiba, fermenta, vive uma vida obscura e assomará quando chegar a hora.

Não só na infância.

Essas imagens e impressões vão se formando – e se acrescentando – por toda a nossa vida.

No caso de Mauriac, suas recriações chegaram a provocar queixas e reclamações dos habitantes de sua aldeia natal que se viam retratados, ainda que o escritor procurasse negá-lo com veemência porque, a rigor, não falara de ninguém específico, apenas usara, quase sem saber, um ou outro traço.

Suponho que todos nós, escritores, quer tenhamos pensado sobre isso ou não – e a não ser que ele ou ela prefira mistificar sua própria história –, sabemos que é assim.

A pessoa que escreve é aquele indivíduo específico, com data e local de nascimento, com seu aprendizado, as observações e vivências de infância, adolescência, juventude e amadurecimento, com seus traumas, sensações, sentimentos, emoções, temperamento, escolhas, amores, interesses e desejos – tudo, enfim, que forma uma vida. É essa pessoa única e insubstituível que está em todos os detalhes do livro que escreve: foi ela quem escolheu o tema, os personagens, o local, a trama e a linguagem.

Digamos – para continuar seguindo a metáfora de Virgínia Woolf – que o escritor é um pedaço de chão. Formado pela memória e experiência individuais, dentro de um determinado tempo e espaço. E é nesse sentido que o escritor é também – queira ou não, saiba-o ou não – parte da memória e das experiências coletivas do lugar e do tempo em que está vivendo.

Um romance – ou conto, ou qualquer outro texto de ficção – nasce de alguma pequena ideia, ou sugestão, de uma imagem, uma cena. Começa com o desejo daquela determinada pessoa de entender aquilo, e então o narrar. O que ela só pode fazer com suas habilidades específicas de conhecimento da linguagem. Habilidades que aprendeu, exercitou, aprimorou e continuamente tentará aprimorar no decorrer de sua vida.

Não há como fugir disso.

***

Se for necessário concretizar melhor, deixe-me falar do meu caso, que é o único que posso conhecer relativamente bem. Quando comecei a escrever, eu era do tipo vacinado. Achava que minha história de vida não interessava a ninguém a não ser a mim mesma, ao meu marido e meus filhos, e olhe lá. Fiquei, portanto, extremamente surpresa ao perceber que as coisas não eram bem assim.

Para começar, minha origem. Nasci em uma pequena cidade do interior de Goiás, perfeita para um escritor, já que parecia saída de uma ficção brasileira. Era uma cidade, na época, dividida entre duas famílias de políticos, inimigas uma da outra, e tinha seus loucos, seus bobos, seu médico, juiz, farmacêutico, suas histórias de assombrações, capangas, mortes fantásticas, trombas d'água, bichos. A cidadezinha típica do interior do país no final da década de 1940. Não cresci lá – com poucos meses minha família se mudou para Goiânia –, mas voltava sempre nas férias para a casa de minha avó, cheia de primos e tios, e todo tipo de aventuras e descobrimentos. Aos 13 anos, fui para um internato em Belo Horizonte, depois passei um tempo em Nova York. Quando voltei, minha família se mudou para Brasília, e lá fiquei até terminar a universidade. Formada, passei um tempinho em Paris, e então me mudei para São Paulo. Poucos anos depois, fui para Lima e, de volta ao Brasil, para o Rio de Janeiro, depois outra vez para São Paulo. Ou seja, sempre fui meio cigana e, adulta, me considerava completamente distante de Goiás, aonde ia apenas nas férias de final do ano para visitar a família. A rigor, não podia dizer que admirava minha terra natal – que sofria, na época, certo preconceito de atraso –, nem que tinha dela algum tipo de saudade especial. Na verdade, eu era muito crítica em relação a várias coisas que via ali.

Foi quase um choque, portanto, quando, ao começar a escrever, me descobri profundamente goiana. Culturalmente goiana, apaixonada pelo planalto central, pelo cerrado, pela luminosidade do seu céu, suas cores, sua música, paisagem, a vastidão sem limites do horizonte goiano. Foi preciso começar a escrever para descobrir que uma das coisas que muito me emociona é ter de parar numa estrada para deixar passar o rio formado por uma boiada branca, ouvindo os mugidos de revolta do gado sendo levado sabe Deus pra onde, o chamado lamentoso do berrante e o cheiro adocicado, sim, da bosta.

Esse Goiás está praticamente em quase todos os meus livros.

Mesmo quando é um livro de muita pesquisa – como foi meu primeiro romance, *A mãe da mãe de sua mãe e suas filhas* –, Goiás está lá, como estão também minhas leituras, meus gostos, desgostos, minhas observações do mundo – pois é disso que um romance é feito, das estradas que seu autor percorre.

Com os infantojuvenis que escrevo, também, a mesma coisa. Há sempre a mesma relação sutil e mediada entre os temas e questões e situações que não aconteceram comigo, mas têm tudo a ver com minha vida.

***

Podemos ter essa certeza: em cada livro que qualquer autor escolhe escrever – e o que devemos ressaltar aqui é o verbo *escolher* –, o que deu origem àquele livro está na vida, na memória, na observação, nos desejos e interesses daquele autor.

Seu próprio estilo vem das relações que ele estabelece de uma coisa com outra, as combinações que faz – a cor branca de um vestido, por exemplo, com a porcelana de uma xícara iluminada por certo reflexo do sol que ele observou um dia. E essas relações, as articulações que faz, as metáforas que cria, tudo isso vem através de milhares de mediações e imbricações sutis que só ele pode estabelecer, porque só ele vai poder juntar isso com aquilo dessa determinada maneira, porque só ele viu ou imaginou aquele reflexo na porcelana exatamente assim.

É a sua marca, sua voz.

Se a vida dele tivesse sido outra, outros seriam os livros que ele escreveria. O escritor é sua vida – e de uma vida não se foge.

***

Mas não julguemos que essa sentença caia apenas sobre a cabeça do escritor.

O mesmo é válido para seu gêmeo quase siamês: o leitor que nasce com o livro.

Como leitores, tampouco escapamos disso. A cada leitura que fazemos de um livro, trazemos tanto de tudo que já vivemos que nossa própria leitura dificilmente é igual à do leitor que está ao nosso lado. Somos, cada um de nós, tão marcados por nossas experiências próprias, habilidades e pensamentos, que leremos cada romance, cada poesia, cada conto, com nossa compreensão única e diferente.

Como diz belamente outra poeta, Sophia de Mello Breyner, em versos de seu "Poema":

> A terra o sol o vento o mar
> São a minha biografia e são meu rosto
>
> Por isso não me peçam cartão de identidade
> Pois nenhum outro senão o mundo tenho
> Não me peçam opiniões nem entrevistas
> Não me perguntem datas nem moradas
> De tudo quanto vejo me acrescento

***

"A palavra ficção vem do latim 'fictio', que significa essencialmente 'dar forma', 'modelar'. Por isso, nunca vejo a ficção como algo feito a partir do nada. Ela emerge do que já está lá. Nesse sentido, escritores modelam a realidade, ou ao menos nossa percepção da realidade."

Thomas C. Forster

"(...) meu novo romance, como seus irmãos e irmãs, é autobiográfico em apenas um único sentido: ele é feito com o material que a vida depositou dentro de mim. Mas meus romances não são sobre mim, e nenhum deles é a história de minha vida."

Louis Begley

"O que a vida fornece ao romancista são os contornos de uma personagem, o esboço de um drama que poderia ter acontecido, conflitos medíocres que somente sob outras circunstâncias poderiam ter interesse. Em suma, a vida fornece ao romancista um ponto de partida que lhe permite aventurar-se numa direção diferente daquela que a vida tomou. Ele torna efetivo o que era apenas virtual, torna reais o que eram vagas possibilidades. Às vezes, simplesmente toma a direção contrária daquela que a vida seguiu, inverte os papéis; em certo drama que conheceu, procura o verdugo na vítima e na vítima, o verdugo. Aceitando os dados da vida, toma a contramão da vida."

François Mauriac

"A história nasce de outras histórias. De pessoas que se revelam, de encontros fragmentados."

Mia Couto

"(...) o indivíduo sozinho não existe: ele existe rodeado por uma sociedade, imerso em uma sociedade, sofrendo em uma sociedade, lutando ou se escondendo em uma sociedade. Não apenas suas atitudes voluntárias e vigilantes são a consequência desse comércio perpétuo com o mundo que o rodeia: até mesmo seus sonhos e pesadelos são produzidos por esse intercâmbio. O que podem ser, de onde podem surgir os sentimentos desse cavalheiro, por mais egoísta e misantropo que ele seja, senão de sua situação neste mundo em que vive? Desse ponto de vista, mesmo o romance mais extremamente subjetivo – de modo mais ou menos tortuoso ou sutil – é um testemunho sobre o universo em que vive seu personagem."

Ernesto Sabato

"A raiz de todas as histórias é a experiência de quem a inventa."

Mario Vargas Llosa

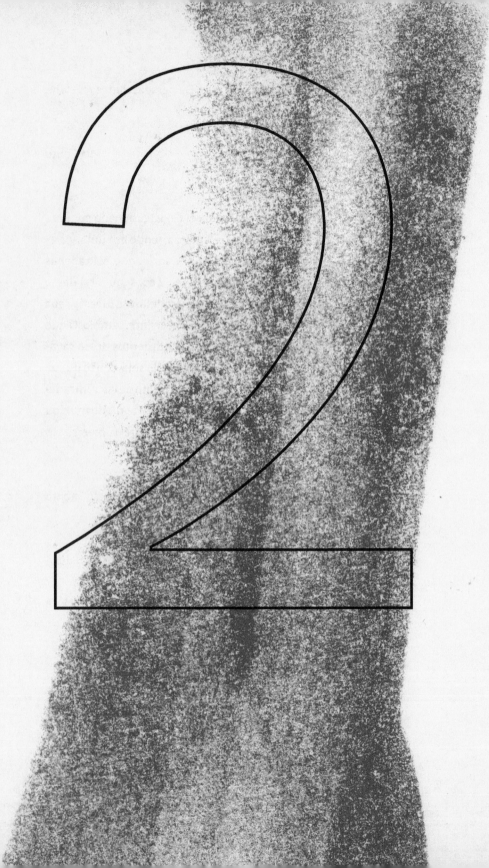

Capítulo 2

A personagem invisível

Há um quarteto fundamental na literatura formado pela memória, observação, narrativa e História. A linguagem seria, digamos, o cimento que dá liga entre elas, pois sem ela a casa cai, e cai feio.

Esse quarteto manifesta-se tão entrelaçado que é quase impossível dizer qual das partes é, digamos, seu fundamento. Qual o ovo, qual a galinha.

Mesmo assim, muitos autores concordam que o fundamento do quarteto – ou a base desse quadrado perfeito – é a narrativa, pois sem ela não teríamos memória e não conheceríamos a história. "No princípio era o verbo", e a narrativa é o verbo.

"A narrativa" – Roland Barthes, estudioso do tema, afirma – "está presente em todos os tempos, em todos os lugares, em todas as sociedades, começa com a própria história da humanidade".

Aparece com a necessidade humana que faz da narrativa mítica a primeira tentativa de entender o mundo. Um mundo em que um dia – sabe-se lá onde – aqueles nossos primeiros ancestrais – um homem e uma mulher – abriram os olhos e disseram: *Caramba! O que eu sou? E você, o que é?!*

Esse espanto fundador da nossa humanidade certamente necessitou de noites e noites ao redor das fogueiras para bolar uma narrativa que pudesse organizar, ainda que provisoriamente, uma resposta. A narrativa é estruturante. O homem precisa dela para se entender e se situar, seja lá onde for e em que período histórico estiver.

Dessa fogueira pré-histórica das narrativas para compreender o mundo ou organizar o não compreendido, e também – por que não? – fazer o tempo passar, ou seja, se entreter um pouco, porque ninguém é de ferro, foi se formando nossa história.

De fogueira em fogueira, o homem foi "narrando" seu entendimento do que acontecia a sua volta, formando esse imenso "inconsciente coletivo" – ou como queiramos chamá-lo – que são as narrativas entrelaçadas que herdamos de nossa cultura. Narrativas que foram formando e continuam formando nossa história e nossa memória.

***

Pensemos um instante na memória.

É a memória social que narra para nós nossa própria história, bem como é a memória individual, única, que narra a história particular de cada um.

Nós somos nosso corpo e o que está inscrito em nós pela memória. É a memória que nos forma e nos faz ser quem somos, e é com ela que se forma nossa narrativa particular, nossa "história de vida". Sobre a qual, aliás, estamos sempre revendo nossa compreensão, assim como os historiadores permanentemente voltam a nosso passado coletivo para revê-lo segundo os novos métodos e achados, provando que nada é imutável, nem mesmo o passado. Ou, como diz William Faulkner, talvez na frase mais radical sobre a questão: "O passado não está morto, e na verdade, ele sequer passou."

Sem nossa memória, deixamos de ser quem somos. Se continuarmos vivendo sem ela, atingiremos o estado vegetativo de um corpo abandonado – a casca de uma fruta que já não tem miolo. Tal como seria uma sociedade sem memória, que se tornaria amorfa e que nunca se viu porque seria impossível existir uma sociedade assim.

Como seria impossível também uma sociedade sem História. (Na verdade, alguns até já tentaram matar a História, mas não conseguiram.)

A História é o processo de conflitos e transformações que começou quando o ser humano começou e vai terminar quando ele terminar. Somos nós, e nossa sociedade, produtos dela, e é ela que está a nossa volta e nos pôs aqui, hoje, neste lugar. Ela, portanto, é feita do mesmo material de que a literatura, a narrativa por excelência, é feita: homens, mulheres, movimento e conflitos.

Ainda mais: a História, em seu sentido mais amplo, é a personagem por excelência, embora invisível, de *qualquer* narrativa ficcional. Já que somos, como seres humanos e, *também* como escritores, frutos de um determinado processo histórico. Nesse sentido, quando falamos de nós mesmos, do hoje e do agora, ou quando falamos do passado (ou seja, da memória) que nos formou, estamos sempre falando de um momento específico de uma história muito maior, a história da experiência humana.

O próprio terreno do ficcionista, que é o da imaginação e da linguagem, é ele também formado, junto com o escritor, por esse mesmo processo. No caso da linguagem, isso é sem dúvida unanimemente aceito; no da imaginação, às vezes ainda não é percebido, como se a imaginação pudesse ser algo fora de nós mesmos.

Não é.

Estamos todos, como seres humanos e como ficcionistas com nossas narrativas e imaginação, mergulhados até o pescoço nas águas profundas dessa História (com H maiúsculo).

Disse Benedito Nunes, conhecido crítico brasileiro: "narrar é contar uma história, e contar uma história é desenrolar a experiência humana do tempo."

A relação com o tempo é uma relação constitutiva tanto da narrativa literária quanto da memória e da História, e é uma relação mais geral, mais abrangente, que abarca qualquer narrativa, e também a ficcional. Nem a literatura, nem a História, nem a memória existem sem essa noção de tempo humano.

Dizendo de outra maneira, o conceito de História implica movimento, transformação que se desenrola em determinado espaço-tempo. E o conceito de narrativa também implica movimento – seja ele qual for: subjetivo, psicológico, descritivo, fantástico, realista. O verbo narrar supõe um acontecer, o qual pode ser fora ou dentro dos cantos mais obscuros do subjetivo do nosso personagem.

É nesse sentido que uma obra literária de qualidade, quer seu autor pretenda ou não, é sempre um texto entranhado de História. A obra literária se situa no tempo – não só o tempo que ela narra como, do mesmo modo, o tempo em que vive o escritor – e, queira ou não, ela dialoga a todo instante com esses dois momentos. As ideias e detalhes que expressa são evidências – por mais subjetivas que sejam – de sua época.

A obra dos autores contemporâneos, em um tempo futuro, falará, com maiores ou menores detalhes, da época na qual ela está sendo produzida, deixará por escrito a memória não só dos autores, mas também de sua época. Não apenas por meio de dados muito concretos como, por exemplo, a descrição de uma rua, de uma casa, de uma cidade, roupas, objetos, ou do tipo da vida fragmentada, insegura, violenta que vivemos hoje, mas também da nossa mentalidade, nossos questionamentos, preocupações, sentimentos, valores e desejos, ou seja, nosso imaginário.

Como diz também Thomas C. Forster, crítico, professor e escritor americano:

> (...) dificilmente existe um romance que não revele, de alguma forma, seu momento histórico. Um livro pode ter seu cenário 800 anos atrás ou muitos séculos no futuro, pode até voar para além dos limites da Terra para uma galáxia muito, muito distante, mas ainda assim é um produto do AGORA, quando quer que esse agora tenha sido. E o agora é sempre um produto da época. A história vai entrar, quer se queira ou não.

Assim, é interessante constatar que, entre as várias camadas de leitura que uma obra de qualidade permite, está embutida também a "leitura do historiador" do futuro que procurará nessa obra vestígios e traços da época em que viveu seu autor.

Essa constatação, aliás, não é nada nova.

O historiador grego Tucídedes foi buscar na *Ilíada*, de Homero, as dimensões das antigas naves gregas. E nem é preciso lembrar que os clássicos de todos os tempos – Shakespeare, Cervantes, Camões, Tolstói, Proust, Kafka, para citar alguns – deixaram, todos, belos testemunhos de seu tempo.

Todos eles têm sido constantemente visitados por historiadores de hoje.

Grandes romancistas de épocas passadas compreenderam muito bem tudo isso. Balzac, na introdução a sua *A comédia humana – cenas da vida privada*, explicita:

"Concedo aos fatos constantes, cotidianos, secretos ou patentes, aos atos da vida individual, as suas causas e aos seus princípios, tanta importância quanto a que os historiadores deram até então aos acontecimentos da vida pública das nações."

***

É curioso, no entanto, que muitos dentre os romancistas contemporâneos tenham e alardeiem a falsa impressão de que estão como que "fora" da História.

Talvez porque a liberdade que temos hoje felizmente é tanta que a criação pode começar com uma pequena ideia ou um esboço de ideia, e a escolha do tema pode vir de uma pequena frase, uma imagem, de uma sensação ou um desejo, alguma coisa qualquer que pode ser clara, ou então vaga, nebulosa ou inexplicável, e funciona como um gatilho a partir do qual o escritor contemporâneo começa a trabalhar.

Essa liberdade é pura maravilha. Para o ficcionista, tudo – ou quase tudo – é permitido. A literatura – que os deuses do Olimpo a conservem assim! – é o nosso território livre.

Sem pudores e sem pedir licença, o escritor vai entrando nas intimidades, nos bastidores, nos cantos ocultos, no *hardcore* da alma humana, e de lá volta para tentar iluminar sombras e preencher vazios, articular os comportamentos sociais e culturais de uma época, conferir inteligibilidade à trama dos eventos, ideias e episódios.

A imaginação abre para o ficcionista uma porta por onde ele penetra na subjetividade de seus personagens e tenta chegar ao fundo do seu poço de desejos, necessidades, e inquietações mais íntimas.

Por isso, talvez, por esse poder de sua imaginação, e porque o momento concreto de seu processo de criação é tão complexo e tão sutilmente mediado por tanta coisa, o escritor deixa de ter a consciência de que, seja qual for o tema que escolheu e a ideia da qual partiu, sua obra está dialogando com a época e o imaginário em que ele vive e, nesse sentido, em um tempo futuro – se sua obra permanecer – ela falará dessa sua época que, explicitamente ou não, é sempre um de seus personagens.

O que, sem dúvida, é um dos atributos da grande obra literária.

***

Um parêntese: da mesma maneira que muitos querem matar a *História* na literatura, outros querem matar a *narrativa* na literatura. (A história da literatura é mesmo cheia de tentativas sanguinárias, cheia de "som e fúria".) Felizmente, nunca deu muito certo. Mas vira e mexe esses pequenos assassinos à espreita põem seus olhinhos de fora. Estou me referindo aqui a experiências de formalismo extremo, e outras similares. Na crítica à impossibilidade de uma narrativa dar conta de qualquer totalidade (o que é verdade), tenta-se jogar a própria narrativa junto com a água da banheira (o que é um disparate).

***

Aqui chegamos a uma segunda relação entre a literatura e História: a questão da chamada "verdade".

A teoria do século XIX opunha a História à literatura, como se seus campos fossem distintos e a literatura trabalhasse apenas com a ficção, e a História, apenas com a verdade. Seguiam o que já havia afirmado Aristóteles em sua *Poética*, quando fez a famosa colocação sobre os historiadores – que falam do que foi (do que seria o verdadeiro) – e os poetas (os ficcionistas) – que falam do que poderia ter sido (do possível).

Hoje isso já foi colocado em questão e bastante relativizado, e há vários anos vem se desenvolvendo, no campo dos historiadores, toda uma discussão que procura entender a narrativa do historiador como um texto articulado a partir de suas *escolhas subjetivas*, o que implica reconhecer sua parcialidade enquanto se ressalta que, por sua vez, também a ficção é narrativa entranhada pelo real e, portanto, também parte da "verdade" que se procura.

Literatura e História seriam, assim, de certa forma, se não irmãs, pelo menos boas vizinhas que moram na mesma rua do conhecimento do mundo como ele foi ou ainda está sendo.

Mas ao contrário do historiador que busca o que, do seu ponto de vista, seria o verdadeiro, a literatura trabalha, não necessariamente com o falso, mas com o verossímil (a impressão da verdade).

As relações entre literatura e verdade, portanto, são também peculiares.

O compromisso do escritor é com a qualidade da literatura, e não com a verdade factual, isso é certo. Mas é preciso que ele apresente sua invenção de tal forma que crie a chamada "suspensão da descrença", fazendo que aquilo que todos sabem que é mentira passe por verdade.

Para isso, ele tem a liberdade que o historiador não tem. E pela porta que lhe abre sua imaginação, o historiador, com a carga de seus métodos, não pode passar. Essa é sua prerrogativa, e é por onde ela se separa da História e segue seu caminho único, o da linguagem.

Isso faz parte do jogo mágico entre a literatura e seu leitor e, sem isso, ela não é literatura.

***

Outro parêntese: se todo romance está, do ponto de vista que coloco aqui, mergulhado nessa História com H maiúsculo, onde fica o romance que é chamado de "histórico", por tratar de uma trama que acontece em algum momento do passado?

O chamado "romance histórico" é escrito hoje, como qualquer outro tipo de romance contemporâneo, por um autor do presente, ou seja, por um indivíduo que está imerso no imaginário do presente, utiliza os instrumentos do presente e parte das perguntas e inquietações do presente.

O romance que ele escreve, portanto, é uma obra contemporânea como qualquer outra e com o mesmo tipo de olhar e voz. Ele também trabalha com a linguagem (seu ritmo e beleza) e mistura gêneros (se quiser). Apenas a paisagem e o contexto de sua trama mudam.

***

Assim, com seus métodos, sua linguagem e seus temas, não há escritor que não seja do seu próprio tempo e lugar. E seu tempo e lugar são determinados por essa dama eternamente presente, de feições cambiantes, às vezes magnânima, tantas vezes cruel, a quem chamamos História.

Literatura e História estão ligadas por laços indissolúveis e fazem parte da mesma vontade de compreender o ser humano em seu tempo, seu movimento incessante, e sua contínua transformação, a qual esperamos – apesar dos indícios contrários – que seja, um dia, para melhor.

***

Uma pequena análise de caso

Para complementar o que foi dito anteriormente, gostaria de dar o exemplo da gênese de alguns de meus livros, nos quais essa relação fica bastante clara.

É curioso, mas, em razão dos meus romances, algumas pessoas acreditam que tenho formação de historiadora. Não tenho. Não foi como historiadora que me formei, e sim como antropóloga. Foi como antropóloga que aprendi a pesquisar e aprendi também o imenso valor das "histórias de vida" e da necessidade de "ouvir o outro" – o que, particularmente, acho que informa minha literatura muito mais do que a História como disciplina.

Mas, evidentemente, reconheço que a História, entendida como processo de transformações que nos faz ser quem somos e vai nos levando para onde vamos, é a fonte básica da compreensão de qualquer coisa. Como podemos entender o mundo em que vivemos sem saber como chegamos até aqui e por que cargas d'água chegamos aqui *deste* jeito, com tantos problemas tão complexos e insolúveis e, também, por que não?, com algumas coisas já solucionadas e até indo bem?

Na verdade, o que me interessou sobremaneira na História não aprendi com historiadores, mas com um filósofo chamado Karl Marx. Com sua obra e a de Engels, e a de outros marxistas dignos desse nome, comecei a perceber que a nossa História é um processo de conflitos e transformações, que começa quando o homem começa e vai terminar só quando ele terminar. Somos nós, e nossa sociedade, produtos dela, e é ela que está a nossa volta e nos pôs aqui, hoje, neste lugar. Ela, portanto, é feita do mesmo material de que a literatura é feita: homens, mulheres, movimento e conflitos.

Hoje, depois de seis romances escritos e cerca de dezesseis livros infantojuvenis, posso dizer com muita clareza que esse processo de transformação é o que mais me interessa. Quando me apaixono por um tema a ponto de querer escrever sobre ele, o que quero falar é disso: o que é ele dentro desse amplo movimento?

Desde que pela primeira vez me sentei frente a um computador para escrever, quis escrever sobre o questionamento que tem tudo a ver com esse movimento: como essa indagação e esses personagens vieram parar aqui, dessa maneira? O que significam? (O "para onde vão?" resolvo com a ficção quando é possível resolver, ou deixo em aberto – aliás, gosto muito de deixar o final dos meus livros em aberto e nas mãos desse processo que continua levando-os para onde for possível.)

Meus livros para jovens e crianças são também informados por essa mesma visão.

E não é que eu me sente à frente da página em branco do computador e diga: "Bem, vou começar outro romance onde a História vai entrar de tal maneira assim e assado." Não é assim que acontece. É de uma maneira muito mais natural, muito mais fora de qualquer controle meu.

Além disso, no meu caso, todos os livros partiram também de questões absolutamente contemporâneas.

Em *A mãe da mãe de sua mãe e suas filhas*, meu primeiro romance, conto a saga da linhagem de uma família que começa em 1500, com uma índia tupiniquim de seus 13 anos, chamada Inaiá, e um marujo português de nome Fernão. E termina, em 2002, com uma jovem carioca chamada Maria Flor, grávida de gêmeos.

Essa trama começou a se esboçar para mim na época das comemorações dos 500 anos do Brasil. Nessa ocasião, pesquisadores de biologia da Universidade Federal de Minas Gerais, analisando nosso DNA, descobriram que dois terços dos brasileiros têm sangue indígena e negro, e que essa herança biológica teria vindo por parte da mãe. O pai contribuía com a parte europeia do DNA. Achei isso extremamente interessante e me veio a ideia de escrever um romance que mostrasse concretamente como essa miscigenação brasileira poderia ter se dado.

No segundo romance, *Eleanor Marx, filha de Karl*, conto a história de amor e morte dessa mulher, que se suicidou aos 43 anos quando, como última gota d'água, descobriu que seu companheiro, com quem vivia havia 14 anos, saiu de casa uma manhã nos arredores de Londres, foi até o centro da cidade, casou-se com uma atriz bem mais jovem e... voltou à noite para dormir.

A vontade de contar essa história nasceu ao ler uma inverdade sobre ela em uma biografia do pai. O autor dizia que Eleanor havia feito um pacto de suicídio com seu companheiro, e que ela havia se suicidado e ele não. Fiquei perplexa. Seria possível que uma mulher como ela morresse vítima de um engano desse quilate? Comecei, então, a pesquisar o tema. A trama era apaixonante, é verdade, mas creio que boa parte do meu interesse veio também do fato de ser admiradora de Marx – ligava-se a minha "história de vida", portanto. É um romance que se passa na Londres do século XIX, mas é, sobretudo, uma história de amor que procura entender os componentes do desespero extremo de uma pessoa frente à vida. O que me parece um tema bastante contemporâneo.

O terceiro romance, *O fantasma de Luís Buñuel*, tem como personagens cinco jovens que se conheceram na Universidade de Brasília, em 1968, e se reencontram de 10 em 10 anos para pôr a vida em dia. São jovens bem diferentes uns dos outros, mas se tornaram amigos e viveram na época da ditadura e, depois, na redemocratização do país. Cada um com seus dramas e conflitos e histórias de vida. É um romance de formação, e meu desejo era falar da minha geração.

O quarto, *Guerra no coração do cerrado*, tem como personagem uma figura da colonização de Goiás, Damiana da Cunha, uma índia panará que foi criada por um governador e serviu de mediadora entre os colonizadores brancos e sua tribo, a qual, em poucos anos, como era de se esperar, foi praticamente extinta.

Meu interesse pelo tema desse conflito veio de duas vertentes. Goiás é minha terra e por isso eu conhecia a figura de Damiana da Cunha, a personagem do romance, mas o que me levou, de fato, a me apaixonar por ela a ponto de me dedicar a escrever o livro foi a questão do conflito mortal entre duas culturas muito diferentes e a incapacidade da chamada civilização ocidental de reconhecer e respeitar os direitos do "outro". Existe tema mais atual do que esse?

Com esse ódio e esse amor, que escrevi logo a seguir, tem como personagem uma engenheira que vai construir uma ponte na Colômbia e acaba sequestrada pelos guerrilheiros das Forças Armadas Revolucionárias da Colômbia (Farc). Conto o que acontece com ela entrelaçada a outro personagem, Tupac Amaru, figura lendária da luta de libertação da América Latina, cuja história conheci por ter vivido no Peru. Sempre acompanhei as notícias sobre as Farc, uma guerrilha que existe até hoje, depois de mais de 40 anos – "como é possível isso?", eu me perguntava, – e achei que valeria a pena me aprofundar um pouco na questão. Quanto à sua atualidade, neste exato momento, enquanto você lê este livro, um sequestro das Farc pode estar ocorrendo em alguma estrada colombiana.

Já *Pauliceia de mil dentes* trata da diversidade dos tipos humanos que habitam a São Paulo contemporânea. Como a São Paulo de hoje vem da São Paulo de ontem, a História está inevitavelmente presente por todo canto e em todos os personagens. E minha paixão pelo tema está, até mais claramente do que nos outros, ligada a minha vida: é a cidade onde escolhi viver, e onde provavelmente vou pedir para que joguem minhas cinzas, quando morrer.

***

"Eu escrevo sobre mim e sobre personagens que vivem no mundo que eu conheço, que é esse quinhãozinho paulistano classe média que começa em 1977 e segue até hoje. Sendo assim, é inevitável que uma ou outra característica da época venha junto, na rede. Pensando melhor, isso acontece com qualquer escritor. Mesmo que ele escreva ficções científicas que se passam em Marte, em 2098, um leitor atento poderá perceber características da própria época falando por ele."

Antonio Prata, em entrevista sobre as crônicas que escreve.

"(...) todos nós pertencemos ao nosso tempo, e não há nada que possamos fazer para escapar disso. Qualquer coisa que escrevamos será contemporânea, mesmo se nos dedicarmos a escrever um romance situado em uma era já passada (...)"

Robertson Davies

"Stendhal é o fundador daquele realismo sério e moderno que não pode representar o homem senão incluído numa realidade política, social e econômica em contínua evolução, como acontece hoje em qualquer romance ou filme."

Eric Auerbach

"É característica de um bom romance que nos arraste para seu mundo, que nele mergulhemos, que nos afastemos a ponto de esquecer a realidade. E, não obstante, ele é uma revelação sobre a mesma realidade que nos rodeia!"

Ernesto Sabato

"Creio que nada é totalmente íntimo. Nada está à margem da história, que afeta e infecta nossas vidas permanentemente."

Alejandro Zambra

Capítulo 3

Os queridos mortos e os queridos vivos, ou A sala cheia

Se há uma unanimidade sobre o processo de escrita de um escritor é a consciência de que aprendemos a escrever lendo outros autores, lendo muito, e depois escrevendo, escrevendo muito, e continuando a ler e escrever por toda a nossa vida como escritores. Todos nós nos tornamos escritores porque fomos leitores vorazes, e continuamos a ser. Um escritor pode decidir parar de escrever; dificilmente decidirá parar de ler.

Não que isso seja muito diferente das outras profissões. Em todas as áreas, sempre aprendemos com os que nos antecederam. A grande diferença do escritor talvez esteja no fato de que ele pode escolher seus professores.

Diz Margaret Atwood: "Como ofício, a arte de escrever é adquirida através do sistema do aprendizado, mas você escolhe seus próprios professores. Às vezes estão vivos, às vezes estão mortos."

Felizmente, Madame Atwood, escritora canadense, está muito viva, e continua: "Seja como for, você é parte de uma comunidade, a comunidade dos escritores, a comunidade dos contadores de histórias que se estende pelo passado através dos tempos, desde os primórdios da sociedade humana."

Portanto, quando começamos a escrever, há um monte de gente conosco na sala, como enfatiza Thomas C. Forster:

> Porque os romances não crescem em jardins. Eles são feitos de coisas, e seus criadores obtêm seu *know-how* lendo muitos e muitos outros romances. E você não pode ler

todos esses romances, pegar a velha pena, e de repente se esquecer que já leu um romance na vida. Então, aqui está *A Lei das Escrivaninhas Cheias: quando um escritor se senta para começar um romance, há milhares de outros escritores na sala.* No mínimo. Tem até escritores presentes que ele nunca leu.

Os autores que estavam na sala comigo enquanto eu escrevia este livro, muitos felizmente tão vivos como você e eu, estão nos esperando em uma lista, com seus principais livros, no apêndice final desta publicação.

***

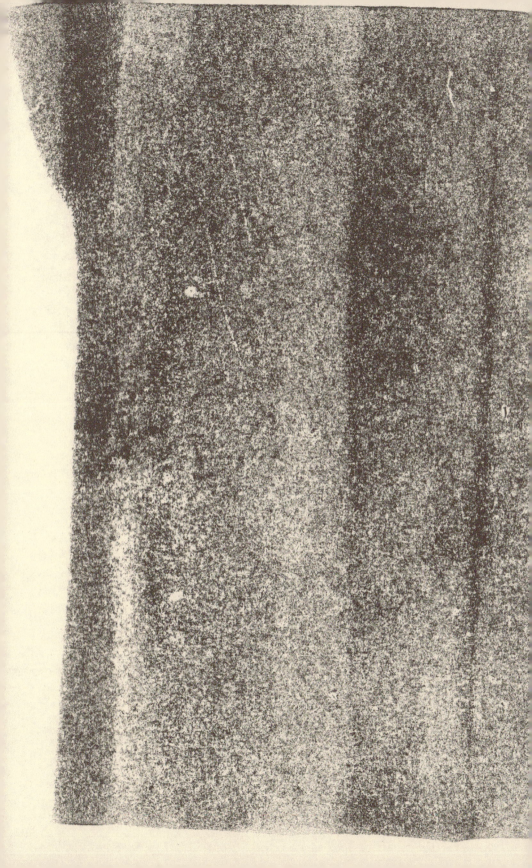

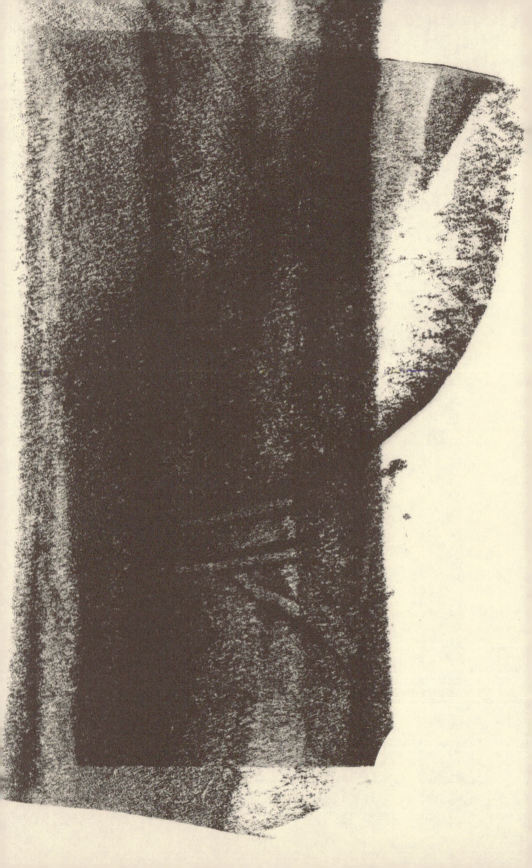

"O diálogo entre velhos e novos textos sempre acontece num ou noutro nível. Os críticos falam desse diálogo como intertextualidade, a contínua interação entre poemas ou histórias. O diálogo intertextual aprofunda e enriquece a experiência da leitura, ao trazer múltiplas camadas de leitura ao texto, algumas das quais os leitores podem nem mesmo perceber conscientemente."

Thomas C. Forster

"Querem uma originalidade absoluta? Isso não existe. Nem na arte, nem em nada."

"Tudo o que fizermos de original será feito com nossa herança, ou não faremos nada em absoluto."

Ernesto Sabato

Capítulo 4

Literatura tem sexo?

Para essa pergunta não há uma resposta unânime. Parece um tanto antiga e ultrapassada, mas o próprio fato de ser formulada até hoje, em vários contextos, significa que continua tendo seu eco por aí. E embora seja mais uma questão de gênero, a resposta acaba sendo muito pessoal como em geral quase toda questão que envolve sexo.

A minha resposta é "não, sim e não".

O primeiro "não" tem a ver com o contexto em que essa pergunta aparentemente ingênua é colocada. Enquanto ela se referir, claramente, apenas à literatura feita por mulheres, separada do que seria A Literatura, com o A e o L maiúsculos, esta sim a grande literatura, a literatura por excelência e que, por não ser especificada, é a que se subtende como a feita pelos homens, minha resposta é "não". Para existir uma literatura feminina, haveria que existir uma literatura masculina. Enquanto, nessa hierarquia de poder e valor, a literatura feminina for a ponta de um par manco de opostos, já que nunca se fala da literatura masculina, a resposta, até pela lógica, é "não": se a definição de feminino supõe seu oposto e se esse oposto não existe, nenhum dos dois existe.

No entanto, se examinarmos mais de perto a literatura que deve ser chamada por esse nome, a única que existe, por detrás do resultado, vamos encontrar uma pessoa que escreve a partir de sua individualidade, formada por todas as clivagens do mundo real: nacionalidade, cultura, ideologia, classe, geração e, evidentemente, sexo. É através dessa individualidade, formada por sua história particular, que a pessoa vivencia a "experiência humana" sobre a qual escreve. Nesse sentido, literatura tem sexo, como tem nacionalidade e história, e expressa a forma personalíssima daquele que escreve e vê o mundo.

Mas aqui voltamos ao "não" a uma literatura especificamente feminina, aquela que, entre todas essas outras clivagens, prioriza o gênero. A literatura só acontece quando a pessoa que escreve é capaz de superar sua individualidade e tocar em algo comum à natureza humana, isto é, comum a homens e mulheres. Quando é capaz de escrever algo que também signifique algo para o outro, e o comova. Quando isso acontece, o escrito torna-se literatura, a única – e o sexo de quem escreveu passa, outra vez, a não ter a menor importância.

Vamos nos deter um pouco nisso.

Os que falam de uma literatura feminina, falam da especificidade de um "olhar feminino". Mas que olhar seria esse? Que atributo ele tem que o contrapõe ao olhar masculino?

A delicadeza? Certamente não. Tem homens que escrevem tão delicadamente quanto a mais delicada das mulheres. E tem mulheres tão grossas como o mais grosso dos homens. Mais ainda: o ideal é a mistura dos dois. Como disse Clarice Lispector: "Eu queria poder usar a delicadeza que também tenho em mim, ao lado da grossura de camponesa, que é o que me salva."

Será, então, o olhar sensível e detalhista que faz a diferença? É óbvio que não: sem um olhar sensível e detalhista não existe nenhuma espécie de literatura. Esse olhar não é privilégio feminino, e sim do artista.

O poder de evocação? Claro que também não, basta pensar nas *madeleines* de Proust.

A leveza? Mais uma vez, não. Ítalo Calvino, inclusive, nos lembra que a leveza é uma das qualidades mais necessárias à literatura deste milênio.

A intuição, o irracional, alguma conexão com o oculto? São clichês que não se sustentam.

Viria, então, de experiências irredutivelmente femininas? Experiências que só podem ser vividas pelas mulheres? E quais seriam elas? Pelo que sei, só duas que, a rigor, são quase uma só, pois uma deriva da outra: a menstruação e a maternidade.

A maternidade, a origem da vida, é um belíssimo atributo, sem dúvida, mas não é fundamental na arte nem na literatura. Muitas escritoras sequer são mães.

A experiência da menstruação e tudo que a menstruação pode significar como metáfora? Tampouco. Não acredito que dê um bom livro de ficção.

A experiência da discriminação, do preconceito, da perseguição? Não é exclusiva das mulheres. Lamentavelmente, como sabemos, a discriminação e perseguição dos mais variados tipos se espalham, com maior ou menor intensidade, por todos os povos do mundo: entre pobres e ricos, patrões e empregados, entre raças, religiões, regiões, países.

Por mais específica que possa ser a discriminação às mulheres, seu campo de atuação é outro e não tem relação direta com a literatura, a não ser mediada por uma série de fatores.

Então, o que será?

Nada, ouso dizer.

Esse famoso "olhar feminino" não existe. É uma fabulação. O que existe é o olhar de *uma pessoa específica que é também mulher*. Da maneira como vejo a questão, qualquer tentativa de atribuir algum tipo de característica ao olhar da mulher *em geral* não passa por um crivo rigoroso. É válida apenas como uma maneira de recortar o tema para fins de estudos.

***

Outro ponto que me intriga: por que será a literatura praticamente a única forma de arte que dá abrigo a esse tipo de classificação separatista? Por que não escutamos falar de uma pintura feminina, um teatro ou um cinema feminino, ou uma música feminina?

Será porque a literatura é uma forma de arte que, supostamente, só exige "saber escrever", coisa que toda pessoa alfabetizada sabe? A técnica não é uma coisa aparente na escrita, pelo contrário. Ela se esconde, não se deixa perceber e, por isso, talvez quase todo mundo ache que basta se pôr a escrever para fazer literatura.

Ou será porque é a forma de arte em que há sempre "uma voz" que narra alguma coisa? E, assim, cria o campo que, volta e meia, permite que apareça alguém tentando encontrar o sexo feminino que está por trás da "voz" que narra.

***

Seja como for, embora o sexo biológico seja fundamental entre os elementos que determinam a história de vida de uma pessoa, ele é um entre inúmeros outros, e é a somatória de todos esses elementos que compõe a maneira como essa pessoa vai "sentir" o mundo e "reagir" a ele e, a partir daí, tentar expressar aquilo que, dessa sua vivência, achou que valeria a pena narrar.

O estilo, a "voz" da pessoa, os temas que a sensibilizam o suficiente para fazê-la enfrentar o branco da página vêm desse conjunto quase indescritível de elementos que criou suas obsessões e seus demônios, masculinos e femininos.

É a partir desse seu lugar – *único no mundo* como o de qualquer pessoa – que tanto o homem quanto a mulher fazem literatura, ou seja, expressam em um texto escrito algo que diz respeito a nossa experiência comum e humana.

***

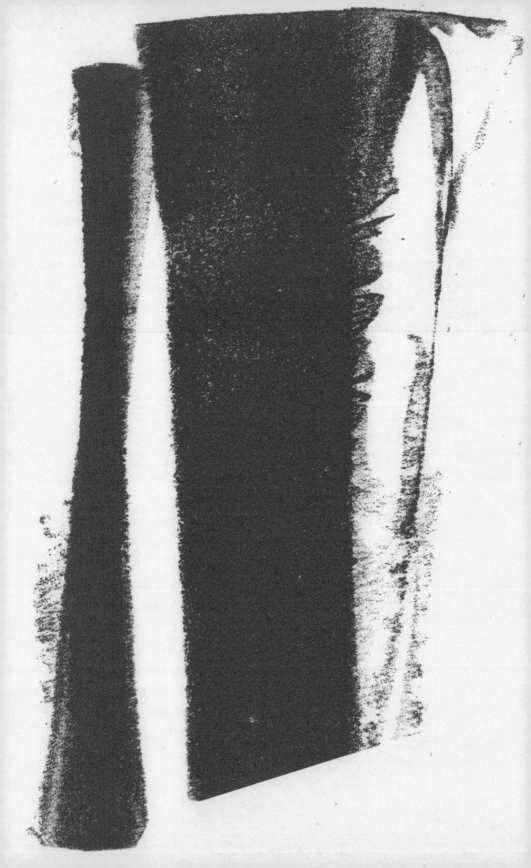

"Não acho que haja nada nem parecido com literatura feminina, isso é uma grosseria. Você teria que dizer que é uma literatura feminina de classe média ou baixa; de uma mulher negra ou branca; rural ou urbana; velha ou moça — e aí você vai afunilando até chegar nessa ou naquela escritora, e uma não vai ter nada a ver com a outra a não ser o fato de serem mulheres. Eu sou uma mulher, não acho que minha literatura seja feminina nesse sentido. É uma literatura feita por mim, uma das minhas características é ser mulher. Ressaltar esse fato é um alijamento e uma exclusão, e a única coisa que eu posso dizer para concluir é a lembrança dos narradores masculinos que abundam na literatura universal desde que ela existe no mundo."

Elvira Vigna

"Existe literatura feminina?

Questão-bomba, armadilha terrível.

Primeiro é preciso definir o conceito de *literatura feminina*, antes de procurar saber se isso existe ou não.

Se *literatura feminina* significar "literatura feita por mulheres", então a resposta só poderá ser sim, afinal as mulheres também escrevem poemas, contos e romances, e há até um prêmio somente pra elas, o célebre *Women's Prize for Fiction*. Mas afirmar que *literatura feminina* é a literatura feita por mulheres é o mesmo que afirmar que os Aliados venceram a Segunda Guerra Mundial, a Terra orbita o sol ou $E=mc^2$. É uma obviedade, e obviedades, já disse Richard Rorty, não geram debates interessantes.

Mas se *literatura feminina* significar "literatura com características distintas da produzida pelo gênero masculino", nesse caso será impossível responder com certeza. Ainda não existe um aparelho de ressonância magnética capaz de detectar as possíveis *características específicas* de uma e outra. Sem a evidência incontestável a favor ou contra essa hipótese genérica, qualquer afirmação positiva ou negativa será pura especulação.

Outra definição de *literatura feminina* foi dada por Lúcia Castello Branco em *O que é escrita feminina* (Brasiliense, 1991). Para a autora, *feminina* é a literatura subjetiva, lírica, delirante e mágica (numa palavra: barroca), enquanto *masculina* é a literatura objetiva, realista, racional e científica (numa palavra: clássica), não importando se escritas por mulheres ou homens. Apoiada na psicanálise, essa definição ultrapassa a diferença sexual. A estrutura anatômica não é importante.

Esses são os três caminhos que partem da pergunta sobre a existência da literatura feminina. Perguntinha matreira, que, repetida em debates e mesas-redondas, costuma gerar mais calor que luz.

Pra não polemizar, deixarei que o leitor ou a leitora escolha o caminho mais conveniente."

Luiz Bras

Capítulo 5

Tem política na literatura?

Como não poderia deixar de ser, essa é outra questão ainda mais polêmica. A unanimidade passa longe daqui.

É que palavras também sofrem com os embates do mundo. Algumas se desgastam, envelhecem, cansam, deixam de agradar como antes. Até não muito tempo atrás, parecia haver certa unanimidade em dizer que "saudade" era a mais bela palavra da língua portuguesa. Hoje não sei mais quantos diriam isso.

Mas o pior acontece quando elas adquirem conotações diferentes.

Política é uma dessas. Para muita gente, ela parece ter perdido seu significado de algo nobre e inerente às sociedades humanas em sua busca por um mundo melhor. Para muita gente, passou a dizer algo muito restrito, localizado, ruim, comezinho. Desperta urticária. Quando ouvem a palavra, limitam-se a pensar na política partidária, com seus inúmeros problemas.

Essas pessoas deixaram de levar em consideração o significado mais amplo da palavra, necessário, transformador e belo. É nesse sentido que ela está, sim, presente na literatura. Como está presente em qualquer manifestação humana, e também no ar poluído ou não que respiramos, na água tratada ou não que bebemos e que pode um dia escassear, no alimento que temos ou não à mesa.

Quando falamos de política e literatura, não estamos nos referindo à política corriqueira do dia a dia, dos jornais nacionais, de fulano roubou isso, sicrano passou a perna em seu adversário, beltrano fugiu com o dinheiro. Absolutamente. Nada de panfletarismo nem partidarismo aqui, esses dois assassinos da boa literatura, e que são apenas um dos muitos aspectos e sintomas da política muito mais ampla.

Quando falamos de política, estamos falando do que está na base da sociedade da qual somos parte: a maneira como ela se organiza para que todos nós possamos viver.

Somos seres políticos porque vivemos em sociedade e queremos que ela funcione da melhor maneira possível. As grandes questões de nossa vida, nosso cotidiano e nossa história estão referidas no ser político que somos. E nós, escritores, neste mundo em que vivemos, se não conseguimos olhar para o que se passa a nossa volta, nem deveríamos ser escritores. É nesse sentido que toda literatura é política – mesmo a que não quer ser.

Pois a não ser o ermitão, que vive isolado e comendo apenas o que caça ou colhe, todos nós que vivemos em sociedade, vivemos em sociedade *porque* ela está organizada. E *como ela está* organizada – e se está bem organizada ou se é preciso melhorá-la – é justamente o que entendemos por política. E é por isso que, tudo, absolutamente tudo a nosso redor, a rigor, é político. Portanto, todos os livros, deste ponto de vista do qual estou falando aqui, são políticos.

Apesar disso – ou talvez por isso mesmo – falar em política na literatura parece ser um tema tabu. Querem fugir da política como o diabo da cruz. Afirmam que a literatura está acima desse nosso mundo de conflitos.

O que, ironicamente, não deixa de ser também uma posição política.

***

Outra pequena análise de caso

Como exemplo, vou tratar aqui de um livro infantojuvenil, pois mesmo nos livros infantojuvenis é possível tratar de grandes temas, desde que se forneçam aos jovens leitores os elementos de uma linguagem com a qual eles possam se identificar.

No caso das crianças pequenas, essa linguagem é fundamentalmente a da fantasia. Autores brilhantes como Ruth Rocha, Ana Maria Machado, Lygia Bojunga, Monteiro Lobato – para citar apenas alguns de nossos grandes autores infantojuvenis –, com menor ou maior sutileza, trataram de questões explicitamente políticas como o poder, as riquezas do país, a dominação.

Nos livros para adolescentes, que já estão com um pé na realidade adulta e aptos a encontrar na literatura uma companheira de jornada pelo mundo que estão começando a descobrir, as questões políticas vão se tornando cada vez mais claras.

Falo, então, da minha novela juvenil, *O voo da arara azul*.

Ela trata da descoberta do amor e de como o amor pode levar a pessoa a se abrir para o mundo e tentar entendê-lo, e para isso conta a história de um garoto que se apaixona platonicamente pela jovem vizinha casada que vem morar na casa ao lado. Sem ser visto, ele começa a seguir o objeto de seu amor, e pouco a pouco vai descobrindo coisas que sequer sabia que existiam.

A história se passa em algum momento dos anos 1970, quando o Brasil vivia sob a ditadura. André é adolescente (tem por volta de 13 anos). Mora numa rua tranquila em um bairro de classe média. As casas são geminadas, com um quintal pequeno atrás e uma edícula. André mora com os pais e dois irmãos mais novos, e tem uma arara-azul chamada Magda.

Na casa ao lado, mora um jovem casal e um tio mais velho. O marido e a mulher têm por volta de 22, 23 anos. O tio está na casa dos 40. O casal trabalha fora; Lia, a mulher, é enfermeira, e Alfredo, o marido, vendedor. Os três formam uma família simpática no bairro. A jovem enfermeira é bonita e cheia de vida. Vê a arara-azul do quintal da outra casa e, a partir daí, começa a amizade com o garoto vizinho.

André torna-se amigo dos três e sente uma paixão adolescente por Lia. O horário em que ele sai para a escola coincide com a saída dela para o trabalho, e os dois sempre caminham juntos, conversando, até o ponto de ônibus.

Encantado com Lia, André começa a seguir seus passos e se interessar por sua vida. Espreita da janela e do quintal. Aos poucos, vai acompanhando o movimento e começa a descobrir o que acontece ali: a casa vizinha, na verdade, é um "aparelho" de uma organização de esquerda, onde funciona uma pequena gráfica. De lá saem panfletos, jornaizinhos e documentos. O marido e o tio são o que se chamava de "profissionais" da organização – dedicados à militância em tempo integral – e têm um emprego de fachada. Lia é também militante, mas seu emprego de enfermeira é real, e é ela quem mantém a fachada legal do "aparelho" (o local clandestino onde os militantes moravam).

A amizade de André com Lia e Alfredo se aprofunda. Ele também admira Alfredo e o tio. O texto vai se deter no aprofundamento dessa amizade, na vida do "aparelho" e no momento político do país.

Escutando as notícias da repressão, os comentários da mãe e do pai, e começando a ver algumas coisas que acontecem, André passa a se preocupar com a segurança dos três vizinhos.

Outro detalhe da história: André é doido por gibis e gosta de fazer seus próprios quadrinhos. No decorrer do texto, ele vai desenhando algumas tiras que funcionam como comentários seus sobre os eventos que está vendo e vivendo. Uma das novidades do livro é incorporar esses quadrinhos que André vai desenhando ao longo da história.

Um dia, no hospital onde Lia trabalha, acontece a fuga de um preso político que estava internado, devido às torturas. A situação se complica. André, ao seguir Lia, percebe que ela está sendo também seguida por policiais.

A partir daí, acontecem algumas peripécias. André tem a confirmação de que a repressão está de fato vigiando a casa e avisa os vizinhos, que conseguem fugir. Ele perde o contato com o casal e não sabe o que lhes aconteceu.

Anos depois, já adulto, na carreira de cineasta, André reencontra Alfredo. Fica sabendo o que aconteceu com eles e decide filmar a história de seu amor por Lia. Seu filme se chamará "O voo da arara azul".

É, portanto, uma história explicitamente política.

E o é porque, ao situar os personagens em seu contexto maior no mundo em que vivem, coloca-os no meio de um determinado conflito social e político.

Mas o que o livro de fato conta é a história da experiência de um garoto que viveu nessa época e nela descobriu o amor, ou seja, falo sobretudo *de uma experiência humana* – pois é isso que a literatura faz.

Em nenhum momento tento convencer o leitor a respeito de alguma coisa. Conto essa história do meu ponto de vista, como todo escritor faz, já que é literalmente impossível você escrever a partir de outro ponto de vista que não o seu.

Como está dito no Capítulo 1, escrever é como olhar: só é possível olhar a partir do ponto de vista onde se está e com *os próprios olhos*.

Ler, também. O/a leitor/a lerá o livro a partir dos olhos que são só seus. Sua leitura será diferente – ligeiramente ou muitíssimo diferente – do que o autor/a autora pensou.

Alguns vão se inquietar, outros não. Alguns vão gostar, outros não.

E assim estaremos, escritores e leitores, envolvidos em um fragmento – ainda que minúsculo – do fascinante mistério dos conflitos do mundo e da literatura.

***

"A literatura é a melhor forma de mostrar ao leitor o que é ser uma pessoa bem diferente de si mesma. Ela pode explorar o interior mais profundo das pessoas, seus sentimentos e pensamentos mais secretos, produzindo uma empatia que nenhum outro veículo conseguiria. (...) Este é, acho, o mais poderoso argumento a favor da literatura como uma forma de arte que resiste. Isso implica, por consequência, que a ficção seja inerentemente política, mesmo que a história em questão nada tenha a ver com política. Se os leitores entenderem verdadeiramente que outras pessoas são verdadeiras e profundas como eles, pelo menos em teoria estarão menos propensos a atirar bombas na cabeça dos outros."

Michael Cunningham

"Propósito político — Uso a palavra 'político' no seu sentido mais amplo possível. O desejo de empurrar o mundo para certa direção, de alterar a ideia que outras pessoas têm sobre o tipo de sociedade pelo qual deveriam lutar. Além disso, nenhum livro está verdadeiramente livre do *biais* político. A opinião de que a arte não deveria ter nada a ver com política é, em si mesma, uma atitude política."

George Orwell

Capítulo 6

Abandonando a vida dupla: o escritor como profissional

Ser escritor no Brasil, até pouco tempo, significava quase obrigatoriamente ter uma vida dupla: ser escritor e, ao mesmo tempo, exercer também outra profissão que pudesse pagar as contas.

Assim foi com Carlos Drummond de Andrade (poeta, cronista e funcionário público), Guimarães Rosa (escritor e diplomata), Graciliano Ramos (escritor e professor, prefeito), Clarice Lispector (jornalista e escritora), Moacyr Scliar (escritor e médico), Mário de Andrade (escritor e funcionário público), Ignacio de Loyola Brandão (escritor e jornalista), Antonio Torres (escritor e publicitário), Márcio Souza (escritor e editor, dramaturgo, diretor de órgão público), só para citar os primeiros que me vêm à cabeça e que tiveram que levar por algum tempo – e gloriosamente – essa vida dupla.

É verdade que esse tipo de vida ainda é a mais comum entre nós, mas felizmente isso tem mudado. Se antes poderíamos contar nos dedos de uma das mãos os autores que viviam de seus direitos autorais, hoje essa conta exige um pouco mais. A tendência vem sendo essa e atualmente encontramos uma quantidade significativa de escritores que, se não vivem apenas de seus direitos autorais, vivem em torno dessa profissão, ou seja, exercendo trabalhos mais ou menos correlatos, como professores de literatura, tradutores, revisores, palestrantes, cronistas.

De certa forma, é natural que seja assim.

O mundo moderno, como sabemos, é francamente avassalador. Não é fácil viver na velocidade de hoje. Não é fácil ganhar a vida. Com seu estresse, sua quantidade de informações, suas dificuldades, e até seu trânsito – não sei quanto tempo levaria Mário de Andrade ou Drummond para ir de casa às respectivas repartições, mas um escritor contemporâneo, em uma grande cidade, perde várias horas do seu precioso tempo apenas para se locomover da sua casa ao local de trabalho.

Quer dizer, é cada vez menos viável pensar que uma pessoa pode levar digna e produtivamente duas profissões. Seja em qualquer área – médico, engenheiro, professor, músico, bailarino –, um profissional que não puder se dedicar integralmente a seu ofício não conseguirá acompanhar o ritmo incessante das transformações.

Por que seria diferente com o escritor? Não é.

Um escritor hoje, tendo que ser profissional de outra área para sobreviver, e podendo escrever apenas nas poucas horas roubadas à sobrevivência, com tudo o que o mundo moderno apresenta em velocidade, transformações, exigências, se não conseguir abrir um espaço suficiente para se formar como escritor, está fadado a jamais ser realmente bom.

Para início de conversa, porque ele precisa *ter tempo* para escrever – e isso, que parece o "óbvio ululante" de Nelson Rodrigues, nem sempre é percebido. A sociedade, em geral, não está interessada ou simplesmente não leva isso em consideração: o leitor vê o livro na livraria e acha bonito ou feio, bom ou ruim, compra ou não compra. Não tem a menor ideia do tempo e do trabalho e do esforço que levou para aquele livro ser escrito. Nem pensa nisso. E quando pensa, costuma ter uma noção errada desse trabalho: primeiro, achando que o escritor só escreve quando está "inspirado" e, segundo, não considerando que ele o faz como trabalho, mas como algo indefinível, talvez um hobby.

Não é: escrever é um trabalho e uma profissão como outra qualquer, que exige enorme dedicação. No caso da poesia talvez seja um pouco diferente, mas o romance, a novela, o conto, dependem de horas, meses, às vezes até anos de trabalho constante, nos quais a "inspiração", digamos assim, é um dos componentes, mas de jeito nenhum o único.

De certa forma, o leitor pode até ter alguma razão ao não pensar no escritor como um profissional. Porque boa parte dos escritores cujos livros estão nas prateleiras das livrarias não é mesmo: é escritor diletante. A celebridade, o cantor, o ator, o rabino, o padre, o médico, o humorista, o filósofo, todos escrevem. E não estou me referindo a livros das respectivas áreas, mas a livros de *literatura*.

A literatura, assim, fica parecendo a casa da mãe Joana para muita gente.

Evidentemente, todos podem e devem, sim, escrever, se quiserem e quando quiserem e o quanto quiserem. A liberdade nesse campo tem que ser geral, irrestrita e perene. Muitos livros bons já apareceram dessa maneira e com certeza vão continuar aparecendo.

Só que esse é o lado do acaso, digamos assim. Pode resultar em livros muito bons, mas não é o mais provável. O mais provável é que sejam livros medíocres que venderão bem pelo nome que o autor traz de outra área. Não é o caminho que vai fazer a literatura seguir em frente.

***

Mas o que significa de fato ser um profissional da literatura?

Significa, principal e resumidamente, ter condições apropriadas para se aprimorar na prática, escrevendo, que é como os grandes profissionais se aprimoram: exercendo cotidianamente sua profissão.

Para que isso seja possível, é preciso que o escritor possa se dedicar a escrever, o que significa ganhar sua vida com o que escreve. Escrever é um trabalho como outro qualquer e tem que ser feito todo dia. Sem assiduidade e um determinado método de trabalho, é impossível produzir.

Mas como toda moeda tem outro lado, para que o escritor possa começar a pensar em ganhar a vida com o que escreve, é preciso uma coisa aparentemente simples, mas, na verdade, muito complexa: fazer com que os livros que ele escreve cheguem a seus possíveis leitores.

Ou, dito de outra forma: é preciso proporcionar à população em geral o acesso aos livros, escritos por ele e por todos os outros.

Enquanto não se conseguir isso, o livro, bom ou ruim, não cumpre seu ciclo, volta das livrarias para o depósito das editoras e, depois de algum tempo, morre tristemente picotado e é enterrado junto ao seu autor que, a essa altura, já morreu de fome... ou deixou de ser escritor.

Pelo que se sabe, só há uma maneira de evitar que isso aconteça, sobretudo em um país como o Brasil, com seu tamanho continental e sua pobreza: criando bibliotecas. É uma questão que pertence à esfera das políticas públicas e, ao pertencer a essa esfera, passa a ser ainda mais complexa do que de fato é. Inclusive porque antes, no fundamento de tudo, está a educação, o primeiro fator para a criação de um público leitor, e que ainda deixa muito a desejar no país – embora seja preciso reconhecer que há muito esforço sendo feito para que ela se amplie e aprimore.

Mas voltemos ao mercado dos livros.

***

Hoje, a primeira coisa que a maioria das pessoas sente ao entrar em uma livraria é um susto. A quantidade de livros novos que a cada dia chega ao mercado é assombrosa. Os distribuidores e livreiros reclamam que não têm espaço para colocar todos os livros que os editores enviam, e os livros continuam chegando. Sem parar. Todos os dias.

Nem todos esses livros são de literatura, mas muitos são. Estão sendo escritos todos os dias. Por vários escritores. Sobre os temas os mais diferentes.

A rigor, é esperado que isso aconteça como resultado da mera questão demográfica, uma simples equação matemática que vemos acontecer em todos os recantos do universo: quanto mais a população mundial aumenta, mais aumenta relativamente a população de todos os profissionais, inclusive a de escritores.

Nunca se escreveu tanto. E embora se possa, sem medo de cometer injustiça, dizer também que nunca se escreveu tanta coisa ruim, é preciso reconhecer que há também uma enorme diversidade e muita excelência no que é escrito. Nesse sentido, o leque é tão livre e amplo que praticamente não tem limites. Escreve-se hoje, ousadamente, sobre qualquer assunto. Isso é bonito. É o campo florescente para o escritor. Desse modo, é bom ser escritor hoje.

Talvez seja por isso que somos tantos.

Mas, de alguma maneira, esse caminho necessariamente deverá passar pela profissionalização – ainda que tardia – do escritor. Há ainda todo um longo e largo caminho a ser percorrido.

Evidentemente, estou entre aqueles que acreditam que o fascínio pelas histórias extraordinárias que os seres humanos contam é quase uma parte constitutiva de sua natureza.

Mais ainda, estou com Mallarmé e uma de suas frases que coloquei como epígrafe no primeiro romance que escrevi: *Tout, au monde, existe pour aboutir à un livre*, "Tudo, no mundo, existe para resultar num livro".

Enquanto o mundo existir, haverá livros sendo escritos, haverá escritores contando suas histórias.

Não tenho muitas dúvidas sobre isso.

Como também não tenho dúvidas de que a grande questão que se coloca hoje é fazer com que esses livros que estão sendo tão vorazmente escritos tenham condições de chegar às mãos da imensa população e que sejam, na medida do possível, bons. E é para isso que o escritor, como qualquer outro profissional, precisa ter condições concretas para exercer e aprimorar seu ofício, fazendo assim sua parte para que a literatura siga seu melhor caminho.

"Trabalho como uma besta de carga, mas isso é minha própria opção. Sou como um escravo de galé acorrentado pelo resto da vida ao remo, e que gosta dele. Tudo sobre ele... reviso cada frase, muitas vezes. (...) Mas a coisa mais importante de todas é não matar a história trabalhando-a. Senão todo o seu trabalho terá sido em vão. É como caminhar numa corda bamba."

Isaac Bábel

"É a técnica que liberta o talento."

Maiakovski

"(...) não sou capaz de construir um plano. Nenhum dos meus livros teve essa arquitetura antecipada. Deixo-me apaixonar pelos personagens, a ponto que eles se tornem uma presença obsessiva dentro de mim. Durmo com eles, acordo com eles, vou para o serviço com eles. E por razão dessa paixão eles me autorizam a que me aproxime, espreite as suas vidas e escute os seus segredos. São esses personagens que me vão relatando a história. A minha função, durante um tempo, é manter essa relação apaixonada até que surja de dentro de mim um outro eu que faz a poda daquela árvore caoticamente ramificada. Esse é um segundo momento, mais oficial, mais de disciplina. É aqui que o escritor se converte num reescritor."

Mia Couto

"É trabalhoso. Só polindo a gente consegue uma superfície lisa. Mas isso é igual em todos os gêneros: seja para se criar suspense, riso, angústia, o escritor sempre terá que burilar sua escrita. Diante de escritores, as pessoas sempre querem saber 'de onde vêm as ideias'. As ideias não são o problema. Todo mundo tem zilhões de ideias que dariam ótimos romances, filmes, crônicas. O duro é pôr de pé. É achar o tom. É não repetir a palavra 'que' seis vezes no mesmo parágrafo – e, tirados os 'quês', manter o ritmo que havia antes."

Antonio Prata

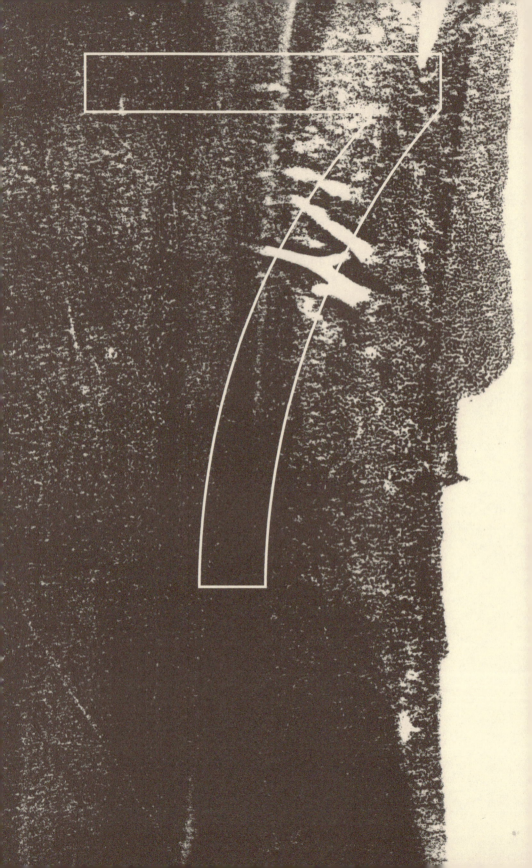

Capítulo 7

O processo criativo do escritor e a chamada inspiração

O processo de criação de um escritor, ainda que muito falado, conversado e discutido, permanece com uma aura de mistério.

Cada escritor tem o seu.

Para cada um, esse processo funciona de maneira diferente.

Dessa maneira, repetimos o que costuma passar despercebido. Escrever dá trabalho. Escrever 100, 200, 300 páginas de um livro dá *muito* trabalho. São meses, anos, que você passa em casa, sentado à frente de seu computador.

É aí, nesse trabalho, que nasce o que muitos chamam de inspiração, e prefiro chamar de *insight* – e que é, na verdade, apenas uma *nova* maneira de "ver" alguma coisa.

Como já comentamos no Capítulo 1, nada "baixa" de repente de algum lugar desconhecido, como se fosse um "fantasma" da criação: mas vem de um lugar, a meu ver, bem determinado: a "visão de mundo" do escritor. "Visão de mundo" que é formada por sua história pessoal, e é o que vai fazê-lo se interessar por tal ou qual assunto. Vai também determinar o tipo de relações que ele estabelece dentro de seu texto e as escolhas que ele faz – o que, em última instância, é o seu estilo. E do mesmo modo vai determinar o "ponto de vista" do qual ele será capaz de ver – ou não – esse ou aquele aspecto do indivíduo e da sociedade que o cerca.

No entanto, embora as ideias de um escritor venham da *vida que ele viveu e vive*, e dos diversos "lugares" – digamos assim – que compõem sua visão pessoal, muitas e muitas vezes, esse não é um processo consciente. Porque muito do que ele viu e viveu está guardado em seus subterrâneos interiores e reaparece na forma de intuição, sonhos, *insights*: o mistério da criação.

Essa é uma parte.

A outra parte – e a mais difícil – é justamente transformar tudo isso, essa matéria-prima, em *literatura* – seja ela em forma de poesia ou narrativa.

Carlos Drummond de Andrade tem um poema sobre isso. Ele diz, em "A procura da poesia":

"O que pensas e sentes isso ainda não é poesia.
(...) Penetra surdamente no reino das palavras.
Lá estão os poemas que esperam ser escritos.
(...) Chega mais perto e contempla as palavras.
Cada uma tem mil faces secretas sob a face neutra
e te pergunta, sem interesse pela resposta,
pobre ou terrível que lhe deres:
Trouxeste a chave?"

Encontrar a chave do reino da palavra: esse é o trabalho do escritor, escreva ele em prosa ou em poesia.

Na hora do fazer literário, há certas diferenças específicas entre o "fazer poesia" e o "fazer prosa". Cada um tem suas regras ou, melhor dizendo, seu caminho.

A narrativa, por exemplo, tem como características importantes a voz do narrador, o encadeamento e a sequência do que está sendo contado, o ritmo. A poesia tem o verso, a métrica e seus procedimentos específicos.

Talvez uma das maiores diferenças esteja no fato de que a poesia trabalha a partir do *interior* da palavra – o poeta pode cortar, desmontar, desconstruir a palavra, se quiser. Já o narrador trabalha sobretudo com a *combinação* das palavras.

Ao mesmo tempo, não é exatamente necessário que seja assim: no meio de uma narrativa, de repente, o autor pode encontrar procedimentos poéticos e, no meio de uma poesia, os procedimentos da narrativa.

No reino das palavras, nada é estanque, nem compartimentado. Tudo se mistura. É livre. E vem daí sua beleza.

Outra questão que também faz parte do processo criativo é a pesquisa.

Há escritores que pesquisam mais, outro menos, mas quase todos em algum momento acabam tendo que fazer algum tipo de pesquisa. Na maior parte das vezes, o autor tem uma ideia, tem muito a dizer sobre ela, mas sempre terá que ir atrás de uma coisa ou outra, um aprofundamento do tema, uma palavra que de repente está difícil de achar.

Essa pesquisa, essa procura, também pode ser, por exemplo, a "voz" de um determinado personagem, suas características, seus maneirismos etc. E assim o escritor está sempre "pesquisando", sempre em busca de ideias e expressões e maneiras de falar e maneiras de ver. Seja em outros livros, jornais, revistas, internet, televisão, ou na vida real.

Sempre.

A vida de um escritor é uma vida de contínua aprendizagem e observação. E quando ele está mergulhado no processo da escrita, isso vira quase uma obsessão. Muitos escritores têm permanentemente à mão uma caderneta, e se de repente a esquecem em casa, escrevem em guardanapos, bulas de remédios, qualquer coisa. Muitos não vão para cama sem deixar papel e lápis à cabeceira.

Quando está no processo de escrita, mesmo quando não está sentado no computador, o escritor está trabalhando 24 horas por dia, durante meses ou anos, no convívio com os personagens e as ideias que está colocando em seu livro.

Não é exatamente uma vida fácil.

Ele tem que ir resolvendo os problemas que vão aparecendo, trabalhando repetidas vezes uma frase, burilando um parágrafo, pensando na questão da estrutura, dos cortes, do ritmo. Em geral, escreve e reescreve inúmeras vezes. Corta, re-corta, enxuga, puxa, encolhe. Aprofunda.

Para quem gosta, não tem coisa melhor.

No momento em que ele vê seu livro ir tomando corpo, adquirindo coerência, é um prazer imenso. O que vale tanto para o poeta quanto para o narrador.

E é naquela hora do convívio intenso, do mergulho profundo naquele mundo que está sendo criado, que acontece algo curioso. Se for pedido a um escritor que descreva, por exemplo, como acordou, tomou seu café da manhã, ele certamente o fará com grande precisão. Mas se lhe pedirem que descreva como construiu determinados parágrafos ou frases do livro, por que seu personagem de repente teve uma determinada reação, esse tipo de coisa, ele dificilmente saberá responder, a não ser em linhas muito gerais.

É isso, justamente, que contribui para a aura de mistério do processo criativo, e é também o que o faz tão gratificante. É quando, depois de todo o trabalho, ele relê um trecho e pensa: "Uau! Isso aqui está muito bom. Fui eu que escrevi?"

Diz Margaret Atwood:

> (...) não me lembro do que acontece quando escrevo. Aquele tempo é como pequenas fatias cortadas de meu cérebro. Não é um tempo que eu, pessoalmente, tenha vivido. Consigo me lembrar dos detalhes de quartos e lugares onde escrevia, das circunstâncias, das outras coisas que fiz antes ou depois, mas não do processo em si. Escrever sobre escrever exige autoconsciência, escrever, em si, exige a abdicação dela.

***

Tem ainda outra questão muito falada do processo criativo do escritor – sua solidão.

Escrever é um ato solitário. É o escritor com ele mesmo. O que pode ser um tanto frustrante e também contraditório porque, ao mesmo tempo, o escritor está sempre em companhia do leitor para o qual escreve.

Não existe escritor sem leitor; assim como não existe leitor sem escritor.

Eles são as duas pontas de um mesmo processo, e o que o autor escreve não se "realiza" – na verdade, não existe como tal – se não encontra nessa outra ponta os olhos de quem vai tirar um sentido daquilo que sua mão escreveu.

Logo, a grande tragédia que pode acontecer a um escritor é não ser lido.

**

"Uma vez, quando alguém lhe perguntou qual era seu método de composição, Tchekov pegou um cinzeiro: 'Este é o meu método de composição', disse. 'Amanhã vou escrever um conto chamado O cinzeiro'. Para ele, a objetividade era uma necessidade para um escritor que precisa ser 'um observador imparcial'."

Francine Prose

"Tim O'Brien nos fornece um relance maravilhoso sobre o processo criativo, uma visão de como as histórias são escritas, e uma grande parte desse processo é que não dá para criar históricas no vácuo. Em vez disso, o pensamento ilumina bugigangas das experiências da infância, leituras anteriores, cada filme que o escritor/criador já viu, a discussão com o operador de telemarketing na semana passada – em resumo, tudo que se esgueira nos recessos da mente."

Thomas C. Foster

"Os retóricos consideravam o estilo um ornamento, uma linguagem festiva. Quando, na verdade, é a única forma em que um artista pode dizer o que tem para dizer. E se o resultado é insólito, não é porque o seja, mas porque é a maneira que tem esse homem de ver o mundo."

Ernesto Sabato

"O artista continua trabalhando sem descanso e voltando sempre a recomeçar: e a cada vez, acha que atingirá seu fim, que integrará sua obra. Não o conseguirá, como é natural: e daí a razão de que esse estado de ânimo seja fecundo. Se alguma vez o conseguisse, se sua obra chegasse a poder equiparar-se com a imagem que ele se fez dela, com seu sonho, só lhe restaria jogar-se do pináculo dessa perfeição definitiva e suicidar-se."

William Faulkner

E para contrabalançar tanto trabalho, uma experiência muito prática

Antonio Muñoz, ao fazer em 20 lições o retrospecto do que aprendeu em 20 anos de sua atividade como escritor, coloca como 13ª lição:

"Aprendi que o exercício físico e as tarefas práticas ajudam a imaginação a disparar, e que as ideias, as imagens, as conexões, as palavras, surjam mais velozmente. Graças à ebriedade de oxigênio de uma corrida ou de uma boa caminhada ou à atenção alerta e a multiplicidade de pequenas tarefas necessárias para cozinhar um arroz, inventei personagens ou situações ou 'giros argumentativos' que não teriam surgido de outra maneira."

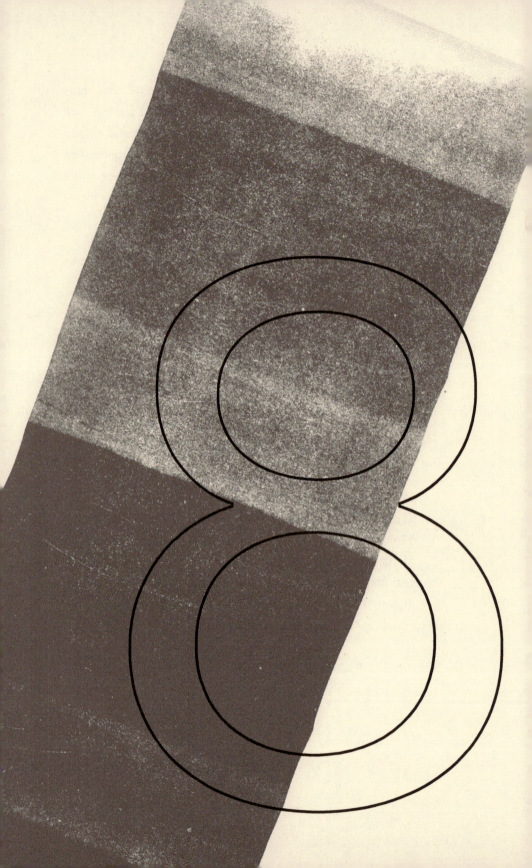

Capítulo 8

A economia da atividade literária

Algum tempo atrás, fui convidada a participar de um evento para falar da atividade literária como economia caseira. E também prevendo como ela estaria depois de cinco anos.

Achei o tema tão inusitado que aceitei. E como gosto de pensar caminhando, fui passear pela Avenida Paulista.

Como de outras vezes, passei por um rapaz que me entregou o folheto de uma vidente: "Dona Natália – vidência nas águas e borra de café."

Pensando no tema que me haviam proposto, resolvi subir até seu consultório, num prédio próximo: uma salinha fechada, luzes alaranjadas e uma mesinha de fórmica amarela no centro de duas cadeiras não muito confortáveis. Dona Natália tinha o rosto todo enrugado, cabelos brancos e lisos, presos num coque, mas olhos espertos e jovens. Simpática e acolhedora velhinha. E lembrando que sou de peixes, pedi que visse nas águas se minhas ideias estavam num bom caminho.

Ela me garantiu que sim. O que me fez ficar mais animada com meus prognósticos sobre o tema.

De volta a meu prédio, e para reforçar ainda mais o que vou dizer aqui, encontrei o porteiro na guarita lendo *1822*, do Laurentino Gomes. Surpresa com a cena pouco comum, perguntei se estava gostando do livro, e ele me disse que muito. Contou que tomara emprestado de um morador que, às vezes, lhe emprestava livros.

Não conheço Laurentino Gomes, mas sou amiga dele no

Facebook. Como sabia que ele iria gostar, postei uma mensagem contando que meu porteiro era seu fã. Ele me respondeu que ficava feliz pois seu objetivo era esse mesmo, "levar a História do Brasil para um público que não se interessava pelo assunto."

Nessa mesma semana, por coincidência, eu havia lido uma longa entrevista justamente com o próprio Laurentino Gomes, na qual ele dizia ter planejado seu futuro como escritor. Para isso, se aposentou da editora Abril – onde durante anos ocupou cargos importantes – e fez um curso de marketing para se dedicar a trabalhar no nicho de bons livros de divulgação de História, tema do qual sempre gostou.

E como estamos vendo, sua estratégia está dando certo.

Carreiras planejadas com todo esse profissionalismo eram quase inexistentes até pouco tempo atrás. A consciência de que o livro é um produto comercial, e existe para ser vendido, não era generalizada entre escritores que apostavam suas fichas mais no prestígio de crítica, e torciam o nariz para os que obtinham sucesso de vendas (por inveja, talvez, porque no mundo da literatura, como no mundo de qualquer profissão, é muito raro encontrar um santo). Hoje, isso mudou – a ideia de que livro bom não vende – e tem se tornado uma preocupação de boa parte dos escritores conseguir também um bom desempenho de vendas para seus livros.

Infelizmente, casos como o do Laurentino Gomes, Paulo Coelho e outros poucos ainda são exceções, mas, segundo dados de uma pesquisa de 2014, cerca de 20% dos escritores brasileiros hoje são profissionais que têm a venda de seus livros e atividades ligadas à escrita como parte de sua renda mensal. Vários amigos escritores, e também eu, estamos dentro dessa estatística que era quase impensável algumas décadas atrás.

Somos escritores profissionais que trabalhamos em casa, gastamos pouco, a não ser com a compra e manutenção de nosso computador e com as pesquisas que fazemos (os que fazem pesquisa), que significam compra de livros sobre o tema, viagens, entrevistas, esse tipo de gasto. No fundamental, nossa atividade profissional consiste em passar dias, meses, anos, sentados, olhando para o ar a nossa frente, tentando ver se enxergamos o que escrever em nosso computador. O que investimos, a rigor, é sobretudo nosso tempo.

Em torno dessa atividade caseira, em sua aparência muito simples, no entanto, ergue-se uma indústria formidável: editoras, gráficas, parte das indústrias de papel, distribuidoras, livrarias, bibliotecas, e agora *e-books*, todos com seus profissionais de produção, marketing e comercialização: ou seja, milhares e milhares de pessoas.

O complexo e sofisticado processo de produção que aquele texto alimenta, originado na frente de um computador no pequeno escritório de uma casa, não tem nada de caseiro e movimenta uma parte nada desprezível da economia do país.

Como mostra Felipe Lindoso, em seu livro *O Brasil pode ser um país de leitores?*, "a indústria editorial brasileira chegou ao final do século XX como a maior da América Latina e [...] é a oitava em volume de produção do planeta." Com números levantados por diversas pesquisas, ele analisa as perspectivas estratégicas para o mercado editorial brasileiro e conclui que elas são bem favoráveis, mantido o nível de investimento que, de alguns anos para cá, tem sido feito na educação de maneira constante e positiva. Ainda permanecem vários problemas, é evidente, e entre esses problemas, os principais seriam:

- A capitalização e administração das editoras;
- A distribuição dos livros em um país continental como o nosso;
- A questão da construção de uma rede eficaz de bibliotecas públicas, fundamental para que o acesso ao livro se torne uma conquista real para a população;
- E a implantação de políticas públicas de amplo alcance, capazes de garantir a nossa diversidade cultural e o acesso ao conhecimento.

Felipe Lindoso escreveu esse livro em 2004. Hoje, muitos anos depois, seus prognósticos se confirmam, e esses problemas vêm sendo enfrentados de maneira bem visível. Por exemplo:

- Embora ainda completamente insuficientes, "nunca antes neste país" foram criadas tantas bibliotecas;
- O movimento de nascimento, expansão e concentração de editoras e livrarias pode ser acompanhado por qualquer um pelos jornais;
- "Nunca se viu" tantos escritores jovens no país, tantos cursos e oficinas para escritores, tantos prêmios, tantas feiras literárias – a impressão que se tem é a de que escrever está na moda.

O número de exemplares vendidos no país nos dá uma ideia desse crescimento do mercado: em 1990 (quando foi produzida a primeira pesquisa sobre a produção editorial, feita pela Fundação João Pinheiro) foram publicados 22.479 títulos e 239.392.000 exemplares, e em 2009, 52.509 títulos e 386.387.000 exemplares. "Ou seja, enquanto a população do Brasil aumentou aproximadamente 21%, a produção dos títulos aumentou 133% e a de exemplares 61%".

Nada mal.

Nesse mercado em crescimento – ainda que boa parte dos exemplares comprados seja de autores estrangeiros –, me parece razoável pensar que nós, autores brasileiros, também participamos com alguma fatia. Não posso dizer em que medida, mas exemplos como o de Laurentino Gomes – e na área infantojuvenil, de vários outros – indicam que pode ser uma fatia relevante.

Contribuindo para essa profissionalização do escritor, existem também as compras do governo para escolas e bibliotecas, por meio de vários programas – do Ministério da Cultura e sobretudo do Ministério da Educação. E aqui há dois tipos de compras.

Primeiro, há a compra dos livros didáticos, que é bastante

relevante. Os autores de livros didáticos formam uma categoria à parte do mercado, porque eles, sim, há muito tempo são profissionais que vivem de seus direitos autorais.

Segundo, há a compra dos livros chamados, para esse fim específico, de paradidáticos, e que na verdade são os livros de literatura em geral. Muitos dos autores que têm seus livros comprados por esses programas não vivem apenas disso, mas ficam bem contentes.

Desse conjunto de fatores, portanto, o que vemos é que esse mercado anda relativamente bem. E minha quase certeza – com o aval poderoso da vidente Dona Natália – é de que nos próximos anos veremos o livro, em suas variadas formas (papel ou *e-books*) e seus variados autores, atingir um grau de pujança que há muito estávamos querendo neste país.

***

Capítulo 9

Escrevendo para jovens e crianças

A literatura primeira e a literatura de passagem

Claro que há exceções, mas seja por obrigação, por imitação dos adultos ou por livre e espontânea vontade, a literatura infantil é a primeira que hoje chega às mãos de alguém que amanhã poderá ser um leitor. É a primeiríssima porta, o primeiro contato com aquela emoção especial que apresenta ao futuro adulto o mundo surpreendente criado pela palavra.

É mediante essa primeira literatura, a chamada literatura infantil, que alguém entra no mundo dos livros e dele gosta ou não.

Daí sua fundamental importância. Daí seu encanto, seu eterno vigor, sua permanência. Daí porque literatura para crianças não poderia jamais ser tratada como uma literatura menor ou de segunda categoria.

Ainda que sua geração, digamos assim, não tenha sido uma geração espontânea.

A literatura pensada particularmente para a criança nasceu com a necessidade pedagógica do ensino da moral, no final do século XVII. Seu marco é a publicação dos contos de Charles Perrault, na França, em 1697 – o livro *Histórias ou contos do tempo passado com moralidades*. Ter surgido com a intenção explícita de formação moral é quase seu "pecado original", digamos assim. Mesmo os Irmãos Grimm e Andersen, cujas histórias maravilhosas continuam a encantar até hoje, têm esse aspecto moralizante ou formador.

Ela surge também em um momento em que o mundo moderno

começa a separar radicalmente a criança do adulto. Até mais ou menos a época medieval, pais e filhos viviam quase a mesma rotina, compartilhando trabalho e lazer. Uma nova concepção da infância, e seu reconhecimento como uma etapa radicalmente diferente, com suas necessidades específicas, é uma conquista do mundo moderno que, por sua crescente complexidade, e pelas descobertas de psicólogos como Freud, Piaget, Winnicot, vem acentuando essas diferenças. E criando outras.

Mas não foi só a criança que o mundo moderno criou.

Criou a criança e, um pouco depois, a adolescência e o jovem. Reconheceu a adolescência como uma fase própria com suas angústias e dilemas. E tornou a juventude um espaço mais longo, complexo e determinante do adulto que aquele jovem será no futuro.

E ainda não satisfeito – embora isso nada tenha a ver com nosso tema –, o mundo em que vivemos criou recentemente a terceira idade e estendeu o campo da maturidade, expulsando a velhice bem mais pra frente. Só que, como já bem disse Millôr Fernandes: a infância é passageira; a juventude também. Mas a velhice, não. Depois que chega lá, você só fica cada dia mais velho.

Hoje, portanto, temos o livro para crianças e o livro para jovens, porque o mundo moderno reconhece que cada uma dessas etapas de vida tem suas necessidades, sua linguagem, seus dramas e conflitos próprios.

A indústria do livro foi atrás.

Isso é ruim? É bom?

A rigor, não há por que ter um juízo de valor sobre esse tipo de coisa. Independe de nós: é o que está aí, e não tem volta.

A literatura infantil e juvenil, dessa maneira, se veio atender a uma necessidade pedagógica, logo passou a responder também a uma necessidade mercadológica. A preocupação de formar crianças e jovens a partir de leituras que lhes fossem mais acessíveis e mais próximas inevitavelmente deu origem a linhas editoriais voltadas para atendê-las.

Em consequência, essas duas literaturas hoje formam um dos segmentos que mais cresce no mercado de livros e inunda as prateleiras das livrarias.

Apesar disso – ou *pour cause* –, ainda existem várias incompreensões sobre elas.

Vou tratar de três.

Duas especificamente sobre a literatura *infantil*.

Primeira incompreensão

Acreditar que, para elogiar um bom livro infantil, é preciso dizer que ele é um livro para ser lido por qualquer idade. O livro infantil realmente bom, dizem, agrada ao leitor adulto assim como à criança.

Essa é uma afirmação feita com muito boa intenção, mas não exatamente verdadeira.

Há exceções como em tudo, e muitos adultos realmente leem com gosto um bom livro infantil – em geral, os profissionais da área. No entanto, vários contos de Andersen, por exemplo, são um deslumbramento quando lidos pela primeira vez por uma pessoa já adulta – imagino que esse adulto certamente reconhecerá a qualidade do texto, mas dificilmente elegerá a obra como livro de cabeceira. A mesma coisa com a extraordinária obra infantil de Monteiro Lobato: será bastante inadequada se estiver na mesa de cabeceira de um adulto. Os Irmãos Grim, idem. É maravilhoso; o adulto pode ler, pode gostar, mas não há necessidade de iludir ninguém: são contos endereçados às crianças, e são elas que se deliciam completamente com eles.

Literatura é observação do mundo, imaginação e linguagem. Se você é criança, jovem, adulto ou velho, observará o mundo de maneira diferente segundo seus interesses, angústias, desejos e *conhecimentos* daquela fase de sua vida. O mesmo é válido também para o processo da *imaginação*. Você imagina a partir do que conhece. E sua apreciação da linguagem, idem: se você já foi criança e jovem um dia, com certeza se lembrará, é diferente.

O livro para crianças tem suas especificidades e não precisa deixar de tê-las para ser aceito como boa literatura.

Se uma criança não vai ler um grande livro destinado a um adulto, por que o adulto vai dizer que um grande livro destinado à criança é também capaz de virar sua cabeça de adulto?

Não é preciso. A leitura gratificante que um adulto sem dúvida pode fazer de um livro infantil não é, nem de longe, a que ele faria ou fez se leu esse mesmo livro quando criança.

Segunda

Outra colocação um tanto falsa é a do autor para adultos que, com também falsa modéstia, diz que não escreve para criança porque é *mais difícil*. Evitando dizer uma verdade que em nada o desmereceria – como "Não gosto", "Não é minha praia", "Nunca pensei nisso", "Deus me livre! Escreveria primeiro a biografia de Herodes" –, prefere reproduzir o clichê, crente de que assim está expressando respeito ou deferência. O que está é sendo um pouquinho pernóstico.

Escrever para criança não é mais difícil do que escrever para adultos. Tem suas dificuldades específicas e exige do escritor as mesmas qualidades que exige um livro para adultos. Querer ou não escrevê-la é questão de interesse, gosto ou vontade. Nada tem a ver com "dificuldades" falsas ou verdadeiras.

Se existe alguma diferença, ela viria, ao contrário, até suavizar essa escrita por dois motivos:

• Em geral, o texto infantil é mais curto;

• E, entre suas exigências, nem sempre está a da verossimilhança, tão necessária na literatura para adultos. Muitas vezes, não pede que o autor se preocupe com a chamada "suspensão da descrença" sem a qual o leitor adulto não aceita a "mentira" que o autor está contando. No mundo da criança, o imaginário e o real são irmãos. Seu mundo é a terra do possível, o reino do *nonsense* e do fantástico, e o maravilhoso é tão real como qualquer porta ou buraco que se abre ou no qual se cai, dá na mesma.

E a terceira

Esta sobre a literatura *juvenil*, a mais incompreendida das duas – talvez decorrência da incompreensão geral que cerca seu público. Tanto assim que muitos acham que ela sequer deveria existir. A literatura para o jovem, dizem, deveria ser a literatura *tout court*.

Até recentemente, como vimos, ela de fato não existia. O jovem que gostava de ler passava rapidamente para os grandes como Dostovieski, Balzac, Jorge Amado, Érico Veríssimo. Hoje, no entanto, o mercado do livro para adolescentes, puxado pelas escolas, teve um enorme desenvolvimento e o jovem de 12, 13, 14 anos tem uma pletora de títulos a sua escolha. Títulos que falam *dele* e para *ele* – jovem contemporâneo, com suas comédias e dramas contemporâneos.

São livros necessários? Esse adolescente de 12, 13 anos não estaria em condições de ler qualquer livro para adultos?

A questão não tem uma resposta única e, de qualquer maneira, essas respostas não são excludentes. Mas não faz mal nenhum reconhecer que a leitura adolescente de um livro marcadamente adulto será, na maioria dos casos, uma leitura parcial porque seu universo de questões e preocupações não é o mesmo de um adulto. E talvez o que os livros juvenis estendam hoje seja exatamente essa ponte por onde o adolescente, se reconhecendo, seja atraído para continuar a travessia até a leitura adulta.

Além disso, a diversidade existe em todos os campos e é bom prestar muita atenção a ela também nesse. Os ritmos de passagem e amadurecimento são diferentes. Por que não seriam também no que se que refere à leitura?

Livros bons para adolescentes são passagens para os bons livros para adultos. Talvez justo por ter faltado essa ponte antes, muitos possíveis leitores se perderam pelo caminho, quem vai saber?

***

Escrevendo para jovens e crianças: apontamentos

• Se existe alguma regra ao escrever para um jovem, acho que ela é uma só: procurar encantar. É pelo encantamento da linguagem que se conquista o leitor.

• Nada de ensinamentos, nada de "moral do conto". E se isso foi feito por tantos clássicos, em outra época, hoje não é mais o momento. Hoje temos pais, um sistema escolar, professores para ensinar. À literatura cabe mostrar que o mundo é muito maior do que aquele que o jovem vê a seu redor – e isso é de fato o que a literatura faz naturalmente, por definição.

• E o faz principalmente pela linguagem e o ritmo – e nisso a literatura infantojuvenil é igual, tão difícil ou fácil, como qualquer outra literatura. Entre conteúdo e linguagem, hesito um pouco, mas acabo reconhecendo que a linguagem tem primazia. É possível você se encantar com um livro que é puro jogo de palavras, som e ritmo – mas não dá para você considerar como literatura o que é apenas uma história contada de maneira tediosa e sem graça.

• Uma das características da literatura para criança é o fato de que, como a criança é toda imaginação, ela aceita mais facilmente o que a imaginação do escritor propõe. A necessidade da verossimilhança perde sua força. Em compensação há uma exigência maior do fantástico, do desrespeito à lógica estrita. A literatura para criança é o reino absoluto da imaginação e da graça.

• Escrever para o jovem é, no fundo, a mesma coisa. Com talvez uma grande diferença, porque o jovem é uma ponta da flecha se preparando para atirar. O jovem é formidável. É todo futuro, todo indagação, todo pergunta, só que não é na literatura que ele vai encontrar suas respostas. Assim como a criança, assim como o adulto, na literatura o jovem vai encontrar é o *outro*. E vai perceber o quanto o *outro* é semelhante a si mesmo. Como o *outro* faz coisas que ele quer fazer. E como, na imensa vastidão do mundo, ele não está sozinho.

• Considero imensamente gratificante escrever para jovens. Mas o jovem talvez seja o leitor mais difícil porque ele é cheio de contradições. Ao mesmo tempo que está descobrindo o tamanho do mundo, está também muito imerso em si mesmo, em suas próprias angústias e, sobretudo, em seu próprio grupo de amigos. Se seu grupo não lê, ele dificilmente vai ler, ou vai ler pouco.

• Por outro lado, o jovem adolescente talvez seja o leitor mais puro – na falta de outro adjetivo melhor. Ele gosta ou não do livro pelo que o livro é, sem intermediações. Pode ler obrigado pela escola, mas *gostar* ou não é algo completamente diferente. Para que ele goste, pouco importa a interferência da crítica, do cânone, do professor, e muito menos dos pais. Nem importa o prestígio desse ou daquele autor. O que importa é o que o livro lhe diz. O adolescente é um leitor que não deve nada a ninguém, a não ser a ele mesmo. E ele é todo questionamento, movimento, efervescência. A adolescência é a idade das primeiras descobertas e das primeiras grandes perguntas (Quem sou eu? O que estou fazendo aqui? Que mundo é esse? O que ele quer de mim?).

• E então acontece um fenômeno como o do Harry Potter. E de repente todo jovem começa a ler com uma enorme voracidade e prazer.

É curioso como a realidade acaba sempre se encarregando de derrubar nossas falsas certezas. Para quem dizia que o jovem moderno é um escravo da TV, da internet, do videogame, Harry Potter foi uma surpresa e tanto.

O que aconteceu?

Provavelmente ninguém sabe ao certo a resposta, mas todos vemos as consequências disso. O fenômeno Harry Potter veio jogar por terra várias regrinhas da indústria editorial moderna dependente do mercado. Uma delas é a que dizia que o jovem era incapaz de ler um livro de mais de 100 páginas. Por isso, os livros para jovens do mercado editorial até pouco tempo atrás eram os mais finos possível. No Brasil, chegaram a esfacelar em finas brochuras os livros relativamente grossos de Monteiro Lobato, como se seus editores fossem herdeiros de "Jack, O Estripador". Atualmente, no entanto, as editoras estrangeiras preferem livros grossos, com muitas páginas.

Mais uma prova de que é melhor que nós, escritores, não tenhamos muitas regras na cabeça. A não ser uma, aquela primeira: encantar. É pelo encantamento que seremos capazes de chegar até nosso leitor, seja ele de que idade for, tenha o livro o tamanho que tiver.

***

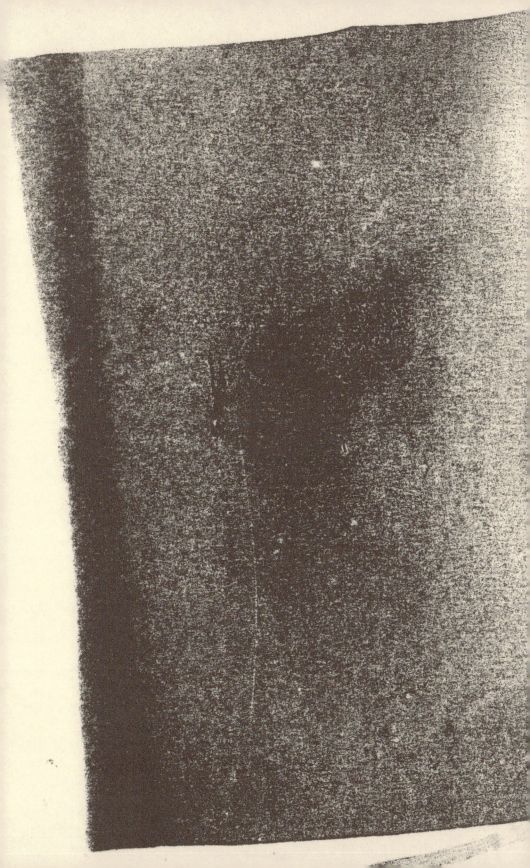

Uma pergunta para minha Bola de Cristal

– A tevê e a internet são uma ameaça real à literatura juvenil? – perguntei.

– Que nada! – ela respondeu. – A internet pôs foi a garotada pra ler e escrever mais. Os *blogs* substituíram os antigos diários com uma grande vantagem: são escritos não para si mesmos, mas para o outro, para se comunicar. Isso só pode contribuir para que o jovem tome gosto pela palavra escrita, não importa se escrita na internet ou não. E se tira o tempo pra ler bons livros, bem... isso tem muito a ver com os pais e a escola, e a própria capacidade dos livros tratarem de coisas que possam despertar o interesse desse jovem leitor.

A Bola continuou:

– Tem outra coisa também – a Bola continuou. – A internet pode até ameaçar o livro impresso, mas não a literatura. Quer dizer: o livro impresso, por mais que seja amado e considerado um objeto tecnológico perfeito para seus propósitos, não passa de um suporte, um meio. O que importa não é o meio e sim seu conteúdo, ou seja, a literatura. Que continuará a existir nos *e-books*, *tablets*, ou qualquer outro suporte que ainda vão inventar.

– E por que você tem tanta certeza, Bola?

– Porque as histórias que compõem a literatura respondem a uma necessidade realmente poderosa: a imaginação e expressão humana. Coisas que só vão acabar se um dia vocês todos virarem robôs.

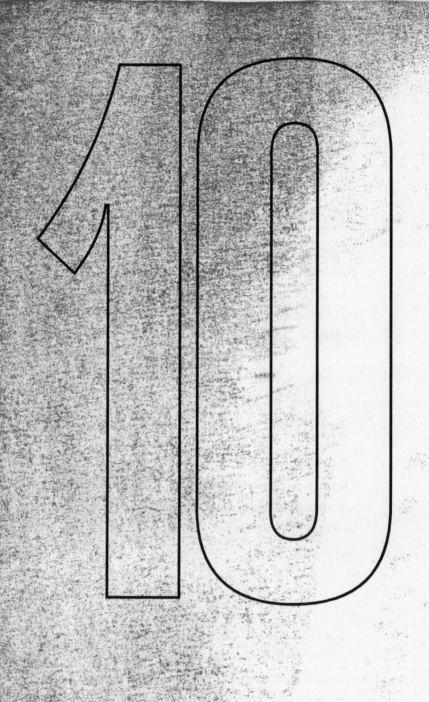

Capítulo 10

A criação dos personagens: a voz de alguns escritores

Em toda essa aventura da escrita de ficção, o personagem é o nosso grande companheiro. É ele que encarna o que desejamos dizer, o centro de nossa história, o eixo em torno do qual tudo gira. Tem que ter carne, osso, sangue, coração, cérebro e o que costumamos chamar de alma. Tem que ser completo.

Sua criação muda de escritor para escritor, ou mesmo de livro para livro. Há autores que, ao começarem a escrever, já sabem perfeitamente como serão seus personagens principais e secundários. Há outros que deles têm apenas uma leve intuição, e irão conhecê-los justamente no processo de criá-los. Há os que preferem defini-los sobretudo pelas ações, outros pelo que pensam, outros pelo que desejam.

Tampouco aqui há regras, e encontramos de tudo.

Flaubert disse: "Minhas personagens imaginárias me agitam, me perseguem, ou melhor, sou eu que estou nelas."

E François Mauriac:

> As personagens (que os romancistas inventam) não são absolutamente criadas, se é que a criação consiste em fazer algo a partir do nada. Nossas supostas criaturas são formadas de elementos tomados ao real; combinamos, com mais ou menos destreza, o que nos fornecem a observação dos outros homens e os conhecimentos que temos de nós mesmos. Os heróis de romances nascem das núpcias que o romancista contrai com a realidade (...).

Acrescentou:

> Cada personagem em ficção tem uma vida individual, repleta de detalhes pessoais – o comer as refeições, o limpar os dentes, o fazer amor, o dar à luz filhos, o comparecimento a funerais, e assim por diante –, mas cada um também existe dentro de um contexto, um mundo imaginário composto de geologia, condições climáticas, forças econômicas, classes sociais, referências culturais e guerras, pragas e acontecimentos públicos desse tipo. ... Esse mundo imaginário, tão carinhosamente delineado pelo escritor, pode ter uma relação mais ou menos evidente com o mundo em que de fato vivemos, mas não ter relação alguma não é uma opção. Temos de escrever a partir de quem, onde e quando estamos, queiramos ou não, e disfarçá-lo como pudermos.

Para continuar mostrando um pouco da diversidade entre os escritores sobre essa questão crucial para se entender o processo criativo da escrita, pedi a alguns escritores amigos que me respondessem à pergunta:

Como você cria seus personagens? Ou, se preferir, como criou um determinado personagem de sua ficção?

Eis as respostas.

Não uma resposta, mas várias

"Não tenho uma resposta, mas várias. Há uma resposta para cada livro; com *Os Malaquias* a construção foi com a ajuda da memória, já que os personagens foram inspirados na minha família. Nos juvenis, também surgiram com a ajuda da memória, mas num percurso um tanto de 'auto-hipnose' buscando a minha voz juvenil, a que tive quando adolescente. Agora, no segundo romance, só depois que terminei é que soube quem eram aquelas 'pessoas', fui conhecendo conforme ia escrevendo, sem um perfil definido anteriormente, foi bem estranho e arriscado, sem muito controle, deixando acontecer uma frase depois da outra."

Andrea Del Fuego

Desmembramentos

"são sempre desmembramentos de pessoas reais.
não são as pessoas.
assim, uma possibilidade de, digamos, minha prima, vive uma situação que foi vivida por outra pessoa.
a prima é real.
a situação é real.
o cenário é sempre realíssimo.
e a temporalidade é real.
não necessariamente dizendo respeito um ao outro.
e, mais uma coisa, a ficcionalização se dá pela ausência.
não pela presença.
ou seja, a ficção é pela escolha de este ou aquele aspecto de algo vivido por mim.
o que está no texto é sempre real.
a ficcionalização se dá pelo que eu não digo."

Elvira Vigna

Acompanhando sem pudor

"É mesmo uma questão intrigante, essa de como *criamos* os personagens.

Prefiro quando não sei quase nada a respeito deles – e os acompanho (veja o verbo: *acompanhar*) desde o início da narrativa, sem o pudor que teria ao acompanhar um ser de carne e osso, vivo e bolindo.

Entretanto, os seres que criamos também estão 'vivos' – ou deveriam estar. Chego a pensar que não poderá resultar num personagem atraente aquele que o autor não 'siga' senão com total interesse, curiosidade e surpresa. De repente, esse personagem faz algo inteiramente *imprevisto* – sim, imprevisto para quem o criou. Por exemplo: no último minuto, ele não confessa algo que veio confessar numa certa casa, atravessando a chuva.

Você, autor, o seguiu pelas ruas escuras, sentindo-se também ensopado da água que o personagem ia ignorando, de cabeça descoberta (assim como você), porque ele seguia rumo a um determinado endereço, com a premente necessidade de fazer a tal confissão.

E ele chega na casa, bate, insiste, bate de novo, alguém vem lhe atender afinal, e o personagem entra, molhando o carpete etc... para, então, NÃO fazer a confissão. Ou seja, o que estava 'previsto' para *acontecer* não acontece.

Ali está você, autor, olhando para o seu personagem: o que foi que deu nele? Por que [você] mudou de ideia no último minuto?...

Esse é o personagem que passa a me interessar – como uma borboleta rara interessa a um entomólogo obsessivo. O interesse que ele me desperta corresponderá matematicamente ao interesse que também irá despertar no leitor, porque aquele personagem não é um autômato reagindo de acordo com a nossa parte 'consciente' ditando comportamentos e ações tirados da manguinha puída de mágico de feira: trata-se de um ser que me intriga, me comove e me interessa como Lord Jim interessa a Marlow, ou como os assassinos daquela família chacinada interessaram ao cruel Capote...

Os exemplos seriam muitos e muitos, porém, todos no sentido de que um personagem só poderá ser bem construído com aquilo que nós NÃO SABEMOS sobre ele.

Talvez o melhor exemplo disso na moderna literatura seja Jay Gatsby. Ele só continua a nos interessar (e até apaixonar) porque F. Scott Fitzgerald sabia tanto sobre ele quanto nós, quando começamos a ler sobre aquela luz incerta de boia numa pequena marina particular da Costa Leste, na misteriosa mansão de um ricaço que quase ninguém vê nas suas próprias festas... *Quem é Gatsby*? Fitzgerald não sabe, porém continua a escrever... e cria um dos maiores personagens da moderna literatura ocidental."

Fernando Monteiro

Uma galeria diversa e próxima

"Personagens nascem de sonhos, fotos, filmes, de outros personagens, ou saltam da memória para o papel quando você menos espera e acompanham você no bar da esquina, no jogo de futebol, no metrô, até na cama às vezes. Podem ser chatos, insistentes, inconvenientes, você diz: vai embora, Fulano, e Fulano não vai. Também podem ser apaixonantes, encantadores, convivem com você anos a fio e quando você se despede deles, na última página do romance, já começa a sentir saudades.

E quando um deles, insatisfeito com sua condição, quer alçar voo mais longo e ser o narrador da própria história? Aí é uma maravilha, porque você, além de criar o petulante, ainda vai ter que achar o tom exato da sua voz, vai ter que imaginar não apenas como ele é, corpo, idade, manias, seus medos, alegrias, seu rosto quando se olha no espelho de manhã, além disso vai ter que imaginar como é seu personagem contando uma história, a história dele!

Já me deparei com alguns desses tipos, ao longo da vida. Um deles se chamava Pedro. Era um garoto que havia perdido o pai muito cedo e que no dia em que o inventei acaba de receber a notícia de que sua mãe morreu num acidente de carro. Pedro tinha 14 anos nesse dia. Ninguém o deixou ir ao enterro ou visitar o túmulo da mãe – isso não é coisa de criança, disseram – e Pedro começa a desconfiar de que estão mentindo para ele, a mãe não morreu coisa nenhuma, ele pensa, algo terrível aconteceu com ela e não querem que ele saiba, a mãe está viva, em algum lugar. Ele então resolve investigar o caso e vai sair seguindo pistas que o levem à mãe.

Quando criei o Pedro, minha ideia era escrever uma história centrada num menino que faria as vezes de um detetive, um menino que procurasse algo que foi tomado dele. E que algo seria esse? O que poderia ser mais precioso para um menino? Pensei na mãe e daí fui costurando as cenas. Mas não sabia ainda quem iria contar a história. Sim, porque não é você que conta sua história. Quer dizer, é e não é. Você cria um narrador para contar no seu lugar. E eu não tinha pensado que esse narrador seria o Pedro. Até que um dia, em Londres, entrei numa livraria e vi um menino de uns 14 anos lendo para a mãe uma história qualquer. Era uma imagem muito bonita, o menino lia com alma, estava absolutamente envolvido pela história que lia em voz alta para a mãe. E aí pensei: pronto, o Pedro vai ser o narrador de *A distância das coisas* (é esse o título do meu livro), é ele que vai contar a própria história. E assim foi, e acho que ele até contou direitinho, não sei.

Também aconteceram coisas curiosas com outros personagens que resolveram ser narradores das histórias que eu queria contar. São muitos e bem diferentes entre si. Tem um velho franciscano, escrevendo do alto de um mosteiro num Rio de Janeiro do futuro (*A ilha*), tem um homem meio perturbado que sequestra uma mulher para lhe contar uma história (*A confissão)*, e uma menina que conversa com um despertador (*A casa dos relógios*), tem também um jovem viciado em romances policiais (*O campeonato* e *O livro roubado*), e aquele garoto que sonha ser jogador de futebol e escreve cartas para o Ronaldo Fenômeno (*Prezado Ronaldo*), tem um monte deles, até sereia já coloquei para contar história (*Lalande*).

E de toda essa galeria, tão diversa e tão próxima de mim, de todos eles o que fica é a sensação, riquíssima, de que escrever é uma longa, louca e incomparável viagem pela vida – minha e dos outros –, pela vida que existe e sobretudo por uma outra, que poderia existir."

Flávio Carneiro

Relação de ódio e amor

"Quero falar de Yan Yates, um personagem que criei para meu livro *Lenora*. Eu o temi, por sua capacidade dúbia de seduzir e destruir, depois fiz com que ele desaparecesse no mar e agora tive que resgatá-lo a pedido da editora (Ana Martins, da Rocco) e leitores. O resgate de Yan exigiu de mim um imenso trabalho interno e de pesquisa. Interno porque eu, enquanto narradora, nutria por Yan uma relação de ódio e amor em igual intensidade. Portanto, acreditava que ele devia ser punido pelas perdas e sofrimentos que causou aos outros personagens. Para criar sua volta, fui obrigada a imaginar uma psique ferida. Sendo Yan um descendente de irlandeses radicados no Brasil, pesquisei esses imigrantes, ao mesmo tempo, aprofundei-me em estudos psicanalíticos. Aos poucos fui percebendo como é rara e difícil a redenção de um modo geral. Recentemente, descobri mitos yogues que abordavam esse tema. Só então comecei a visualizar as cenas em que ele reaparece na história, mas confesso que ainda não consegui escrevê-las."

Heloísa Prieto

Sempre eu mesma

"Pensei bastante na pergunta e a resposta é meio *psicanalitesca*, mas é a verdade.

Basicamente o que acontece é que os personagens narradores são sempre eu mesma. A construção se dá da seguinte forma. Eu crio a situação e daí vejo como eu me comportaria dentro daquelas circunstâncias. Daí sai o personagem. Por se tratar de literatura juvenil eu acabo me transformando em coisas como pinguins, bebês, pulgas e ácaros. Então, claro, tem uma certa dose de imaginação no meio. Mas não muita.

Já os outros personagens são chupados de pessoas que eu

conheço. Não que eu conheça a pessoa a fundo, necessariamente, mas gente que por ter uma personalidade peculiar acabou me marcando. Acho que sou uma caricaturista que escreve."

Índigo

A personagem senta-se ao lado

"A pergunta é difícil. Vou me concentrar na Renata, do *Hotel Novo Mundo*, já que as personagens dos contos não exigem tanta complexidade. Elas estão lá pra que o conto aconteça. Já nos romances a coisa é diferente. A personagem é o centro da história e é em torno dela que a coisa se desenrola.

A Renata apareceu antes da história. Eu estava voltando do Rio quando "sentou-se ao meu lado" uma mulher que estaria deixando tudo pra trás e indo em busca de um novo futuro em São Paulo. Eu sabia que essa mulher tinha brigado com o marido e saído de casa praticamente com a roupa do corpo, sem nem dizer adeus. Sabia também que era uma mulher bonita, charmosa e tinha mais ou menos 40 anos. Quando cheguei em São Paulo comecei a escrever e dois anos depois o *Hotel Novo Mundo* estava pronto.

A Renata sempre me intrigou porque eu nunca conheci mulher alguma que se assemelhasse a ela. Uma completa estranha, dizia eu nas entrevistas. Precisei terminar o livro e pensar muito no assunto pra descobrir que a estranheza que ela me causava era porque ela revelava uma parte de mim com que eu nunca tomara contato. A parte que diz: 'isso é meu por direito e eu quero de volta. Não vou sair no prejuízo dessa vez'. Essa foi a grande lição que a Renata me ensinou. Uma lição que eu nem sabia que sabia."

Ivana Arruda Leite

Roubando e colando partes

"Meus personagens vêm da realidade, mas não são personagens realistas. Eu gosto de diferenciar o *real* do *realismo*. Não são a mesma coisa. O *real* é o mundo de fato, já o *realismo* é uma visão pervertida do mundo. Essa é a diferença, por exemplo, entre os romances de Balzac e os de Virginia Woolf. Uma grande diferença de método. Balzac recriou parte da realidade: seu lado rígido, mecânico e burocrático. Virginia, seguindo outro caminho, chegou mais perto do fluxo do real, subjetivo e fluido. É mais ou menos deste jeito que eu crio meus personagens.

Fred, o bibliotecário mal-humorado do romance *Poeira: demônios e maldições*, existe realmente, mas dividido em três ou quatro partes. O corpanzil é de um colega de doutorado da USP e o rosto é de um ex-oficinando. A rabugice e a incompetência são de um ex-patrão, na época em que eu trabalhava em agência de publicidade. E em Fred há também certa doçura inocente, que eu copiei de um taxista que trabalhou muito tempo perto de casa. É dessa forma que eu criei a maioria de meus protagonistas: roubando e colando partes de pessoas de carne e osso. Mas sem deixar aparecer a cola ou a costura. Muito diferente do que fez tempos atrás aquele doutor Victor Frankenstein."

Luiz Bras

Resultado de solidão

"É uma pergunta de difícil resposta, porque penso que escrever é se ausentar do mundo; o escritor é arrastado pela literatura, apartado do mundo. Penso também que os personagens sejam figuras que retiramos do mundo e reconfiguramos a nossa maneira.

Ainda: o escritor é aquele que, de alguma forma, e essa forma acredito que seja inconsciente, restaura o passado. Tudo que faz é resultado de solidão; na escrita não há socorro."

Lívia Garcia-Roza

Nas ruas, nas casas, nas esquinas

"Eu pego meus personagens de ouvido. Colho nas ruas, dentro de casa, pela fala das esquinas. Mas, especificamente, posso dizer do personagem Totonha. Da velha que não quer aprender a ler de jeito nenhum. Está lá, no meu livro *Contos negreiros*. Lembro que me lembrei de uma tia minha, bem velha. Dizia ela: 'Capim sabe ler? Escrever?'. A partir dessa frase, distante, dessa memória que recolhi, escrevi o conto inteiro. Outra curiosidade que posso contar é: aconteceu no meu livro de contos, *Amar é crime*, publicado pela Record em parceria com o coletivo artístico Edith (visiteedith.com). Lá, eu criei uma história chamada 'União civil'. Fabulei toda ela a partir de uma imagem que vi em São João Del Rey, em Minas. A imagem de dois homens empurrando, juntos, um carrinho de bebê. Fiquei com isto no juízo: para onde iam, seriam amigos, caso? A partir disso, desenhei os personagens. Os dois pais, a paisagem, o bebê. Uma bela história de amor!"

Marcelino Freire

Personagens e suas circunstâncias

"Personagens e suas circunstâncias são, sem dúvida, o ponto de partida para minhas histórias, tanto romances quanto contos. Digo personagens *e suas circunstâncias* porque estou sempre de olho no mundo a minha volta, em situações sociais que são comuns a muita gente, mas às quais cada um responde a sua maneira, e quando algo me chama a atenção na maneira de alguém reagir a essas situações comuns, isso me intriga, grava-se na minha memória, consciente ou inconscientemente, e lá fica, até surgir na forma de personagem, na medida em que me leva a imaginar sua subjetividade, seus motivos, seus passos. Pode ser um episódio ou um detalhe muito simples e passageiro, mas que me suscita questões e ativa a imaginação. Há poucos dias, por exemplo, de passagem, notei uma mulher que há anos mendiga pelas ruas de meu bairro, a ponto de quase tornar-se invisível, quase 'uma coisa' da rua, como um poste ou uma placa que está sempre ali e, por isso, nem a vemos mais. Desta vez, porém, eu a vi, sentada num banco à porta de um restaurante no qual não pode entrar, com sua trouxinha ao lado, e escrevendo alguma coisa num pedaço de papelão rasgado de uma caixa que deve ter catado de algum lixo ali por perto. Escrevendo? Como? Escrevendo o quê? Por quê? Sabe de fato escrever? Uma pequena cena assim, e as perguntas que gera, poderá vir a ser (ou não) o ponto de partida para criar um personagem, e novos personagens, seus interlocutores, uma história, conto, novela ou romance. Muitas vezes, só depois de escrita a história, sempre a partir dos personagens, é que me dou conta dos fragmentos de experiência e observação que eu tinha armazenado e se aglutinaram para compor toda essa gente, de mistura com elementos inventados para 'colar' um fragmento no outro. A 'cola' também vem, por certo, do conhecimento do mundo que fui adquirindo na minha já longa vida, através de minha própria experiência de trabalhadora viajante interessada no humano, aliada à vasta experiência que dá a boa literatura de que sempre me alimentei. Não me lembro de jamais ter criado um personagem a partir de meus próprios sentimentos, vagas inquietações, angústias ou desejos, e nem mesmo de confidências desse tipo recebidas de outras pessoas. É claro que minha própria subjetividade é convocada para estabelecer uma empatia com os personagens, sem o que não posso lhes dar vida, mas não creio que seja nunca meu ponto de partida para criá-los."

Maria Valéria Rezende

O narrador como personagem

"Como tenho escrito livros curtos e em primeira pessoa, os personagens que valem mesmo são os narradores. Os demais passam pelo filtro dele (sua memória, sua maneira de falar, suas opiniões). Então, não são o que se chama tradicionalmente de 'personagens de carne e osso'. Aliás, além do tamanho, é este foco narrativo concentrado que diferencia tecnicamente uma novela de um romance.

Também não sei se esse narrador em primeira pessoa é bem um personagem (claro que é, mas talvez isso não seja o mais importante a destacar nele). Vejo-o como uma voz, e é isto o que busco nos livros, em primeiro lugar. Esta voz narra acontecimentos externos, e estes moldam a identidade/personalidade do narrador. Então, é só à medida que desenvolvo a narrativa desses acontecimentos (o que vou fazendo ao longo da escrita, não tenho nada muito planejado antes) que vou entender quem é aquela pessoa – se é alguém simpático ao leitor ou não, por exemplo.

Embora meus livros sejam frequentemente vistos como autobiográficos, acho que isso se deve mais à questão técnica – a perspectiva da primeira pessoa, que induz o leitor a achar que tudo ali é 'verdade' –, pois os narradores têm histórias bastante diversas entre si. Um contradiz o outro, muitas vezes. A voz deles também tem características que parecem comuns. A idade e o grau de instrução do narrador, por exemplo, têm sido sempre os meus no momento em que escrevo. Só que meu primeiro romance/novela é de 2001, e certamente mudei muito de lá até agora. Então, nem isso eu poderia dizer que é constante nos livros. Nesse sentido, eu começo sempre do zero – e só vou entender o que fiz/criei quando o texto já está bem adiantado.

Michel Laub

De onde vieram meus personagens

"Os protagonistas de *O mistério do leão rampante* (1995), meu primeiro livro, nasceram de uma piada. É a única piada contemporânea de Shakespeare na qual ele é citado. Envolve o próprio, que era o principal ator da época, Richard Burbage, e uma donzela não identificada, e nem tão donzela assim.

Mas esse é apenas o esqueleto do livro. A carne, quer dizer, o tom, do livro e dos personagens, saiu de dois lugares: da obra do escritor João Ubaldo Ribeiro, uma referência importantíssima para mim desde os 16 anos (e eu já tinha 25 quando escrevi o livro), e da ópera *Don Giovanni*, do Mozart/Lorenzo da Ponte, a minha mais querida no gênero, e que na época eu ouvia sem parar.

Então todos os personagens têm o tom de deboche erudito que tanto o João Ubaldo quanto a dupla Mozart/da Ponte têm.

Meu livro seguinte, *A dinâmica das larvas* (1996), nasceu sobretudo da minha carreira como editor, primeiro na editora da minha família, privada, portanto, e depois como assessor da presidência na Editora da Universidade de São Paulo, uma editora pública. Era uma época em que, entusiasmado pelo lançamento do meu primeiro livro, eu me martirizava por não viver apenas de literatura e ser obrigado a ter um emprego. Então construí uma farsa iluminando, numa luz nada favorável, todos os tipos que eu encontrava no meio editorial: o editor endividado e hedonista, o cientista hiperespecializado que escreve o que ninguém entende, ou não se interessa, o editor público frustrado, a agente literária inescrupulosa etc.

Até esse segundo livro, o teor humorístico dos meus livros era bem alto, o que me levava a buscar personagens de traços mais fortes, até exagerados. Sempre fui um caricaturista amador, acho a caricatura uma arte de primeira grandeza mesmo, e não vejo por que seus procedimentos não devam ser aplicados também à literatura. Mas a vida, claro, faz a gente querer experimentar outras coisas, e se desafiar a fazer o que ainda não fez.

O primeiro romance em que tentei um tom mais realista, menos transformado pelo exagero e pelo humor, chamava-se *Vista do Rio* (2004). Tudo neste livro nasceu da memória que eu tinha do prédio e da cidade onde eu cresci. Por isso costumo dizer que o livro é autobiográfico nos cenários e nas paisagens, não no enredo nem na composição dos personagens. Mas o narrador é, talvez, em toda a minha obra, aquele mais parecido comigo, que mais coisas tem em comum comigo. O outro protagonista, seu amigo de infância e vizinho de prédio, é tudo aquilo que o narrador não é. É um livro sobre duas personalidades fortemente unidas pela antiga amizade, pela história de vida, mas que vivem o atrito de opções diferentes, de temperamentos opostos e complementares ao mesmo tempo.

O romance seguinte, *Outra vida*, veio de uma experiência direta: a vivência na ponte rodoviária Rio-SP. Namorei minha primeira mulher, mãe da minha filha, por dois anos nessa base, e depois que casamos e vim morar em São Paulo, continuei frequentando muito a rodoviária, agora para visitar minha família no Rio de Janeiro. Ao longo de 23 anos de uso frequente, por experiência própria e cotidiana, passei a conhecer todos os personagens que gravitam no universo da rodoviária. O vendedor de passagens, os faxineiros, o sujeito do interior que chega, o trabalhador que volta para sua cidade etc. Sei como eles se comportam e ficava sempre imaginando quais eram seus dramas. O livro resultou muito introspectivo, com um narrador onisciente mergulhando fundo na psicologia de cada personagem.

Por fim, *A República das Abelhas* (2013), nasceu da ideia de fazer um retrato literário do meu avô, o político Carlos Lacerda. Fatalmente, essa premissa básica já me forneceu uma gama de personagens obrigatórios, também figuras históricas com quem ele interagiu. Embora eu pudesse ter feito isso, visto tratar-se de um romance histórico e não de um livro de história, não inventei personagens nesse caso, trabalhei com o que as histórias levantadas pela pesquisa me davam.

Como se pode ver, em cada livro os personagens e seu tom vêm de um lugar diferente: da obra de outros autores, de experiências cotidianas, de lembranças do passado, da história do país etc. A cabeça do escritor é um grande liquidificador, que recebe os ingredientes mais diversos e produz sua fusão.

Em meu livro juvenil, *O fazedor de velhos* (1998), há a figura do mestre, o professor Nabuco. Ele é a colagem de vários mestres que tive na vida: meu professor preferido no colégio, alguns escritores que conheci visitando meu pai na editora, meu primeiro patrão, um historiador etc. Não é o simples retrato de alguém específico.

Acredito que o escritor coloca um pouco de si em todos os personagens, então mesmo que em alguns a proximidade com ele próprio seja maior, os outros também refletem algo do escritor. Às vezes não o que ele sente ou pensa, mas aquilo pelo qual ele se sente atraído, ou mesmo repelido."

Rodrigo Lacerda

Um "como" que varia

"Na minha experiência, que nem é tão grande, esse 'como' varia muito. Às vezes o personagem vem junto com uma lembrança. Tem um rosto e uma história, mas tudo vai virando uma ficção moldada pelos 'lapsos' da minha memória – pra usar uma expressão sua: é uma invenção verdadeira. Em outros casos, vou atrás do personagem como uma jornalista: observo, pesquiso, entrevisto e vou construindo um perfil que reúne traços de todas essas informações e impressões. Por conta dessas impressões, o personagem que surge também é uma ficção, apesar de ter partido da realidade (invenção verdadeira 2, rsrs...). Muitos, ainda, são pura invenção: o papagaio que conversa com a máquina de lavar, a bruxa com medo de voar no avião, o desenho que quer sair da gaveta ou um martelo tentando consolar o prego são personagens que falam com a voz da imaginação."

Silvana Tavano

O que vemos, depois de ler todas essas respostas, é a diversidade em torno de um mesmo eixo, formado pela observação da realidade do mundo/imaginação/inconsciente e riscos.

Como nos arriscamos na pele de nossos personagens! Como nos colocamos, bem junto a eles, à beira de um prazeroso abismo!

Nós existimos em cada um deles. Damos a eles tudo o que têm, e que é também nosso. Convivemos com eles por horas, dias, meses e anos. Depois os deixamos seguir sua própria vida na imaginação dos leitores.

***

E depois de tudo, no final permanece o espanto

> "Todo grande escritor é um mistério, ainda que apenas porque algum aspecto de seu talento permanece para sempre inefável, inexplicável e assombroso. A simples população da imaginação de Dickens, a arquitetura fantástica que Proust constrói a partir de momentos minuciosamente examinados. Perguntamos a nós mesmos: como pôde alguém fazer isso?"

> *Francine Prose*

Fim

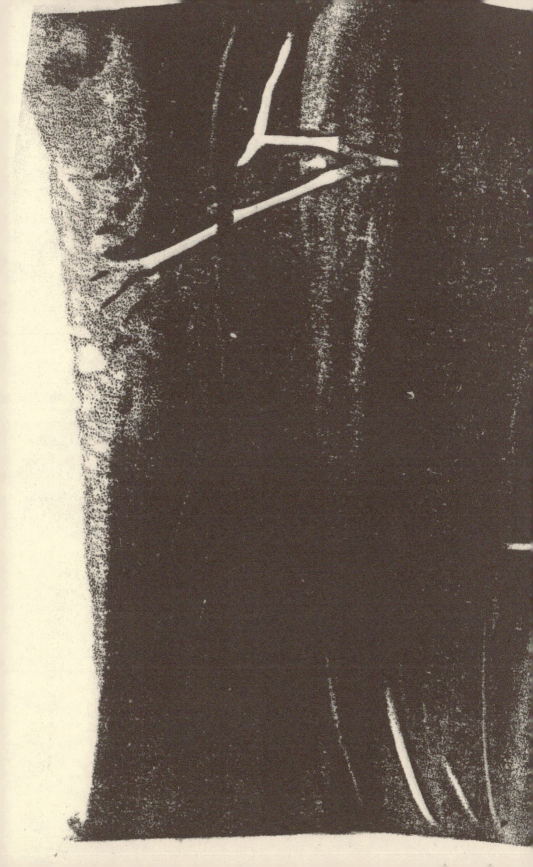

Apêndice

Os autores que estavam comigo na sala

Os queridos mortos

Amado, Jorge (1912-2001, baiano): quem não conhece esse autor de *Capitães de Areia* e *Gabriela, cravo e canela*, entre tantos outros?

Andersen, Hans Christian (1805-1875, dinamarquês): nosso grande mestre dos contos infantojuvenis. Autor de histórias que permanecem em nosso imaginário para sempre, como: *A Pequena Sereia, O rouxinol e o imperador, O soldadinho de chumbo*.

Andrade, Carlos Drummond de (1902-1987, mineiro): um dos mais amados poetas brasileiros, também contista e cronista. Autor de *Sentimento do mundo* e *Rosa do povo*, só para citar duas de sua vasta obra.

Andrade, Mário de (1893-1945, paulista): um dos meus mais queridos, seus *Pauliceia desvairada* e *Macunaíma* fazem parte do meu panteão.

Auerbach, Erich (1892-1957, alemão): filólogo e crítico literário, muito conhecido por sua obra *Mimesis*, entre outras.

Babel, Isaac (1894-1940, russo): jornalista e escritor, autor de *Cavalaria vermelha* e *Contos de Odessa*, entre outros.

Balzac, Honoré de (1799-1850, francês): um dos grandes da literatura, parece ter nascido para escrever. Entre outras obras, nos deixou o monumental *A comédia humana*.

Barthes, Roland (1915-1980, francês): filósofo e escritor, deixou várias obras, entre elas: *O prazer do texto, Fragmentos de um discurso amoroso, O rumor da língua*.

Breyner, Sophia Mello (1919-2004, portuguesa): uma das grandes poetas portuguesas, autora, entre muito outros, de *O Mar, O nome das coisas, Orpheu e Eurydice*.

Calvino, Ítalo (1923-1985, italiano): um dos mais importantes autores italianos. Entre suas obras estão *O visconde partido ao meio, As cidades invisíveis, Seis propostas para o próximo milênio*.

Camões, Luís Vaz de (? – 1579/1580, português): um dos fundadores da literatura em língua portuguesa, autor de *Os lusíadas*, além de poesia e comédias.

Carroll, Lewis (1832-1898, inglês): conhecido no mundo inteiro pelo seu *Alice no País das Maravilhas* e *Alice através do espelho*.

Cervantes, Miguel de (1547-1616, espanhol): bastava ter escrito a obra-prima, *Dom Quixote*, mas foi também dramaturgo e poeta.

Davies, Robertson (1913-1995, canadense): apesar da grande obra, tem sido pouco traduzido no Brasil. Só temos por aqui *O quinto personagem*.

Dostoiévski, Fiódor (1821-1881, russo): um dos meus autores de cabeceira. Seus livros hoje são clássicos e conhecidos no mundo inteiro, como *Crime e castigo* e *Os irmãos Karamazov*, para citar apenas dois.

Faulkner, William (1897-1961, americano): outro gigante da literatura americana, ganhador do Nobel de Literatura. Deixou, entre outros, *O som e a fúria, Enquanto agonizo, Absalão! Absalão!*

Freud, Sigmund (1856-1939, austríaco): desnecessário dizer quem é o pai da psicanálise. Entre suas obras estão *A interpretação dos sonhos, A psicopatologia da vida cotidiana.*

Grimm, Jacob (1785) e Grimm, Wilheim (1786) – alemães: escritores e poetas que recolheram em um livro maravilhoso os contos e fábulas infantis de sua terra.

Homero (65 a.C.-8a.C.): figura lendária da Grécia Antiga, considerado o autor dos poemas épicos *Ilíada* e *Odisseia.*

Kafka, Franz (1883-1924, tcheco): autor de *A metamorfose, O processo, O castelo*, quem não conhece?

Lispector, Clarice (1920-1977, nasceu na Ucrânia, naturalizada brasileira): considerada uma das nossas mais brilhantes escritoras. Romancista, contista e cronista, deixou clássicos como *Perto do coração selvagem, A hora da estrela, Laços de família.*

Lobato, Monteiro (1882-1948, paulista): pode ser considerado o fundador de nossa literatura infantojuvenil. Quem não conhece *O Sítio do Picapau Amarelo* e seus personagens? Escreveu também para adultos.

Mallarmé, Stéphane (1832-1898, francês): poeta e crítico literário, deixou, entre outros, *Verso e prosa, Um jogo de dados.*

Marx, Karl (1818-1883, alemão): filósofo, economista e historiador, poucos livros no mundo tiveram tanta influência quanto os dele, autor de *O capital* e *O manifesto comunista*, entre vários outros.

Mauriac, François (1885-1970, francês): ganhador do Nobel de Literatura, deixou uma vários livros, entre eles, *Thèrèse Desqueyroux, Ninho de víboras*.

Neto, João Cabral de Mello (1920-1999, pernambucano): um dos nossos maiores poetas, autor de *Morte e vida severina, O cão sem plumas, A educação pela pedra*, entre muitos outros.

Nunes, Benedito (1929-2011, paraense): crítico literário e filósofo, autor de várias obras, entre elas, *O tempo na narrativa, O drama da linguagem*.

Orwell, George (1903-1950, inglês): romancista e jornalista inglês, mundialmente conhecido por *A revolução dos bichos*. É também poeta, ensaísta, crítico.

Perrault, Charles (1628-1703, francês): um dos pais dos contos de fadas. Autor de clássicos como *A Bela Adormecida, Cinderela, Chapeuzinho Vermelho*, e tantos outros.

Piaget, Jean (1896-1980, suíço): psicólogo e educador, deixou obras de grande importância, como *Psicologia e epistemologia: por uma teoria do conhecimento* e *A construção do real na criança*.

Proust, Marcel (1871-1922, francês): um gigante da literatura francesa, famoso por sua obra de sete volumes, *Em busca do tempo perdido*.

Rodrigues, Nelson (1882-1948, recifense): jornalista, escritor, dramaturgo e cronista, é famoso sobretudo pelas peças de teatro e as crônicas. Entre as peças, *O vestido de noiva* e *Álbum de família*.

Rosa, Guimarães (1908-1967, mineiro) e **Ramos**, Graciliano (1892-1953, alagoano): dois dos autores brasileiros mais admirados. Seus livros são clássicos eternos, entre eles, *Grande sertão: veredas*, e *Vidas secas*. Os dois estão permanentemente na minha cabeceira.

Sabato, Ernesto (1911-2011, argentino): romancista e ensaísta. Entre seus muitos livros, estão *Sobre heróis e tumbas, O escritor e seus fantasmas.*

Scliar, Moacyr (1937-2011, gaúcho): médico e escritor, autor, entre vários outros, de O *centauro no jardim, A majestade do Xingu.*

Shakespeare, William (1564-1616, inglês): dramaturgo e poeta, é um clássico para ser eternamente relido. Às vezes acho que Shakespeare escreveu sobre todos os temas importantes. Pode escolher: *Romeu e Julieta, Hamlet, Júlio Cesar, Rei Henrique IV*, e tantos, tantos outros.

Stendhal (Henri-Marie Beyle 1783-1842, francês): entre suas obras mais famosas estão O *vermelho e o negro* e *Cartuxa de Palma*.

Tchekov, Anton (1860-1904, russo): dramaturgo e contista, famoso por peças como O *tio Vânia, A gaivota*, e contos como "A dama do cachorrinho".

Tolstoi, Liev (1828-1910, russo): um dos escritores mais fundamentais da literatura mundial, autor de *Guerra e paz* e *Anna Karenina*, entre inúmeros outros livros.

Tucídides (? -400 a.C., grego): historiador grego, viveu por volta dos anos 400 a.C. Sua obra mais conhecida é *A história da guerra do Peloponeso*.

Veríssimo, Érico (1905-1975, gaúcho): outro dos nossos grandes. Autor de obras conhecidas por todos, como O *tempo e o vento*,

Clarissa, Incidente em Antares.

Vigna, Elvira (1947-2017, carioca): autora de *Deixei ele lá e vim, Nada a dizer, O que deu pra fazer em matéria de história de amor.*

Winnicot, Donald Woods (1896-1971, inglês): escritor, pediatra e psicanalista. Deixou inúmeras obras, entre as quais, *A criança e seu mundo, Natureza humana, Pensando sobre crianças.*

Woolf, Virginia (1882-1941, inglesa): escritora e editora, deixou uma obra de enorme importância, como *Mrs. Dalloway, Ao farol* e *Orlando.*

Os queridos vivos

Atwood, Margaret, canadense, autora de *Olho de gato, A noiva ladra, O conto de Aia.*

Begley, Louis, polonês considerado americano, autor de *Despedida em Veneza, Schmidt libertado, O mundo prodigioso que tenho na cabeça.*

Brandão, Ignácio de Loyola, paulista, autor de *Zero, Bebel que a cidade comeu* e *O menino que vendia palavras*, entre outros.

Braz, Luiz, paulista, autor de *Poeira: demônios e maldições, O filho do crucificado, Procura-se uma sereia.*

Carneiro, Flavio, goiano, autor de *A ilha, O livro roubado, Prezado Ronaldo.*

Couto, Mia, moçambicano, autor de *O fio das missangas, Terra* *sonâmbula, O último voo do flamingo*.

Cunningham, Michael, americano, autor de *As horas, Uma casa no fim do mundo, Ao entardecer*.

Del Fuego, Andrea, paulista, contista e romancista, ganhadora do Prêmio José Saramago com seu *Os Malaquias*.

Forster, Thomas C., americano, professor e crítico literário, autor de *Para ler literatura como um professor* e *Para ler romances como um especialista*.

Freire, Marcelino, pernambucano, escreveu *Angu de sangue, Contos negreiros e Nossos ossos*.

Garcia-Roza, Lívia, carioca, autora de *Quarto de menina, Milamor, Cine Odeon*.

Índigo, paulista, autora de *O pinguim tupiniquim, Perdendo perninhas, O livro das cartas encantadas*.

Lacerda, Rodrigo, carioca, autor de *Vista do Rio, Fazedor de velhos, A República das Abelhas*.

Laub, Michel, gaúcho, autor de *Diário da queda, A maçã envenenada, O gato diz adeus*.

Leite, Ivana Arruda, paulista, autora de *Falo de mulher, Alameda Santos, Hotel Novo Mundo*.

Lindoso, Felipe, amazonense, autor de *O Brasil pode ser um país de leitores?* Mantém o blog: www.oxisdaquestão.br

Llosa, Mario Vargas, peruano, ganhador do Nobel, autor de

Conversa na catedral, A festa do bode, Lituma nos Andes.

Molina, António Muñoz, espanhol, autor de *Lua cheia, Sefarad, Vento da lua.*

Monteiro, Fernando, pernambucano, autor de *Aspades, etc., etc., O livro de Corintha, O nome de um hamster.*

O'Brien, Tim, americano, autor de *Perseguindo Cacciato, As coisas que eles carregavam* e *No bosque.*

Prata, Antonio, paulista, autor de *Nu, de botas.*

Prieto, Heloísa, paulista, autora de *Lá vem história, Lenora, A jornada do tarô, Escrita secreta*, entre vários outros.

Prose, Francine, americana, crítica literária, autora de *Para ler como um escritor*, já mencionado aqui.

Rezende, Maria Valéria, santista, autora de *O voo da guará vermelha, Modos de apanhar pássaros à mão* e *40 dias.*

Tavano, Silvana, paulista, autora de *O lugar das coisas, Como começa, Pssssssiiiu.*

Torres, Antonio, baiano, autor de *Essa terra, O cachorro e o lobo, Pelo fundo da agulha.*

Zambra, Alejandro, chileno, autor de *Bonsai, A vida privada das árvores, Formas de voltar para casa.*

Agradecimentos

Este livro não existiria sem a generosidade e incentivo da Heloísa Prieto.

Meu muito obrigada, Helô.

Agradeço também a todos os escritores que participam do Capítulo 10 e que tão generosamente me enviaram suas respostas.

A autora

Sou Maria José Silveira, nasci em Jaraguá, pequena cidade do interior de Goiás. Mudei para Goiânia no colo de meus pais, com meses de idade, e, depois de passar por Brasília, Nova York, Lima, Rio de Janeiro, moro atualmente em São Paulo. Sou formada em Comunicação, Antropologia, e mestre em Ciências Políticas. Sou escritora, tradutora, editora, autora de dezenas de livros para crianças, jovens e adultos, muitos dos quais premiados. Sou autora de nove romances, dos quais o primeiro, *A mãe da mãe de sua mãe e suas filhas*, recebeu o Prêmio Revelação da APCA, em 2002. O mais recente, publicado em 2023, é *Farejador de águas*. Tenho romances publicados nos Estados Unidos, França, Itália, Espanha, Chile e China.

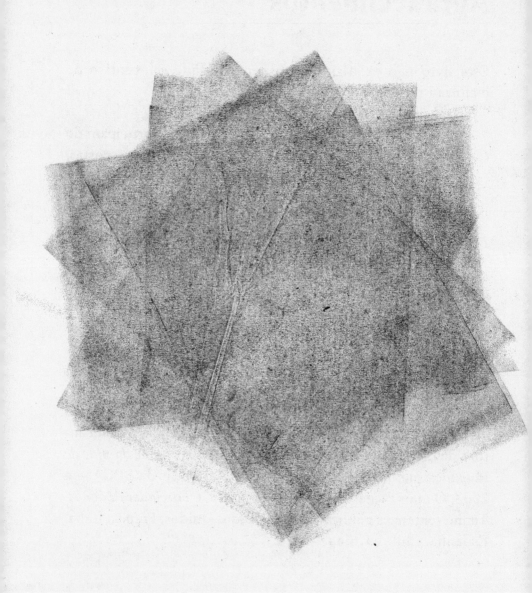

Este livro foi composto com a tipografia Dupincel, e impresso em pólen natural 80 g/m² na UmLivro em fevereiro de 2024.